Hertha Spier

Tailor Diniz

A SOBREVIVENTE A21646
Hertha Spier

3ª edição / Porto Alegre-RS / 2020

Capa e projeto gráfico: Marco Cena
Revisão e produção editorial: Bruna Dali e Maitê Cena
Produção gráfica: André Luis Alt
Todas as fotos contidas no livro são do acervo da família Spier.

Dados Internacionais de Catalogação na Publicação (CIP)

D585s   Diniz, Tailor
          A sobrevivente A21646. / Tailor Diniz. - Porto Alegre: BesouroBox, 2020.
          192 p. ; 16 x 23 cm

          ISBN: 978-65-88737-08-8

          1. Biografia. 2. Memórias. 3. Segunda Guerra Mundial. 4. Spier, Herta.
       5. Nazismo. I. Título.

                                                             CDU 929SPIER

Bibliotecária responsável Kátia Rosi Possobon CRB10/1782

Copyright © Tailor Diniz, 2020.

Todos os direitos desta edição reservados a
Edições BesouroBox Ltda.
Rua Brito Peixoto, 224 - CEP: 91030-400
Passo D'Areia - Porto Alegre - RS
Fone: (51) 3337.5620
www.besourobox.com.br

Impresso no Brasil
Setembro de 2020.

SUMÁRIO

Prefácio 9

Além da tela do cinema 11

1. As flores de couro 15

2. A caminho do gueto 37

3. O primeiro campo de concentração 73

4. Auschwitz e Belgen-Belsen 121

5. Porto Alegre, os negócios e os filhos 151

Posfácio 165

Adendos à primeira edição 181

"Como os outros refugiados na nossa família, titio sofria com suas lembranças e se esforçava muito para não falar diretamente das suas experiências na guerra. Só que as pessoas precisam falar daquilo que as machucou. Se não, a besta da guerra surge em pesadelos, em crises súbitas de choro e ataques de raiva. Quando titio falava do seu passado, suas palavras de algum modo eram muito piores de ouvir quando eram breves. Ele dizia: '– Foi muito ruim'. A isso se seguia um longo silêncio."

Clarissa Pinkola Estés,
em *O jardineiro que tinha fé*

Prefácio

Há uma diferença entre memória e História. Tradicionalmente, memória refere-se a um período de tempo mais curto e é algo individual, ou, no máximo, partilhado por um grupo definido: uma família, uma pequena comunidade. Quando estamos falando de História, porém, estamos falando de algo que, pela importância, transcende as barreiras do tempo e do espaço e torna-se patrimônio de um povo ou da humanidade.

O presente texto fala de memórias do Holocausto. Aqui, temos uma pessoa, Hertha Spier, nascida Gruber, evocando os terríveis transes pelos quais passou sob o nazismo. Não é a primeira vez que o faz. Ela já havia dado um longo depoimento à equipe de Steven Spielberg (o diretor de *A lista de Schindler* assumiu, como se sabe, o compromisso moral de preservar as recordações do Holocausto). Um outro depoimento aparece no livro *Odyssey of exile: jewish women flee the Nazis for Brazil* (Odisseia do exílio: mulheres judias fogem dos nazistas para o Brasil), editado por Katherine Morris (Detroit, Wayne State University Press, 1996).

Agora, é aos leitores brasileiros que Hertha conta a sua história. Tal como narrada ao escritor gaúcho Tailor Diniz, *A Sobrevivente A21646* revela-se um dos mais comoventes e impressionantes textos sobre o tema publicados no Brasil. O que temos aqui é, basicamente, a evocação de um pesadelo que começa a 1º de setembro de 1939 quando as tropas nazistas invadiram Krakow, onde Hertha, então com 21 anos, encontrava-se com seus familiares. O que aconteceu a partir de então poderia ser resumido numa frase do pai de Hertha: "Nossas vidas não são mais nossas vidas". As vidas dos judeus agora tinham donos cruéis, que matavam seres humanos com a maior tranquilidade.

Os familiares de Hertha foram assassinados. Quanto a ela, foi, como muitos outros, enviada para o campo de concentração de Plaszow, cujo comandante, Amon Goeth, tornou-se célebre pela crueldade. Depois para Auschwitz, passando pela perversa seleção do médico Josef Mengele, conhecido como o "anjo da morte". E, por fim, para o campo de Bergen-Belsen, onde resistiu à inanição e à epidemia de tifo, que dizimou milhares de prisioneiros. Que Hertha tenha sobrevivido a este verdadeiro inferno é um milagre. Milagre que esta brava mulher tratou de transformar em lição para as futuras gerações. Uma lição que se constitui, inclusive, em grata e reverente homenagem ao Brasil, o país que a acolheu e que poderá, agora, tomar conhecimento de sua dramática saga. Ao longo destas páginas, nós veremos a memória se transformar em História. Uma História que não pode nem deve ser esquecida, pois aqueles que esquecem os erros (e os crimes) do passado estão condenados a repeti-los. O século vinte foi pródigo nesses erros e crimes. Mas o século vinte e um pode evitá-los. Para isso, *A Sobrevivente A21646* é uma contribuição fundamental. Os números que os nazistas tatuaram nas peles de muitos prisioneiros desapareciam com a morte destes. Mas continuam gravados na memória de nosso tempo.

Moacyr Scliar

Além da tela do cinema

– Aqui, neste cinema, tem uma pessoa que esteve nesse campo de concentração e sobreviveu a tudo o que vocês acabaram de ver!

Lúcio Spier estava de frente para o público e apontava para mãe, Hertha, ainda acomodada na sua poltrona, surpresa com a atitude inesperada do filho diante do cinema lotado. O filme era *A lista de Schindler*, de Steven Spielberg. E Lúcio, o filho mais novo de uma sobrevivente de três campos de concentração, de quem, junto com o irmão Mario, se acostumara a ouvir, desde a infância, as histórias do tempo em que a mãe fora personagem real do enredo ali reproduzido.

Passados os primeiros segundos de estranhamento, o silêncio acabou por se transformar em aplauso. Espectadores privilegiados, eles tinham diante de si algo mais significativo que as frias imagens da tela, mesmo em se tratando de um enredo verídico, escrito à custa de milhares de vidas. Tinham ali, ao alcance dos olhos, uma personagem de verdade, que vivera aquelas mesmas cenas, em tempo real, muito antes de elas serem imortalizadas pelo celuloide.

É possível que todas as tragédias pessoais juntas de quem estava no cinema, naquela mesma sessão, não fossem pesadas o suficiente para contrabalançar a tragédia vivida por Hertha Spier, a partir de sua fuga para Cracóvia, em 25 de agosto de 1939. Na noite do filme, ao lado do filho e da neta Lúcia, Hertha foi para casa com a emoção de quem acabava de assistir a uma parte de sua própria história. A história de alguém que conviveu com a insanidade da guerra, cuja maior sequela não é propriamente relembrar suas cenas de horror, de mães sendo separadas dos filhos, de crianças chorando e pedindo pelos pais, da falta de comunicação entre irmãos e da incerteza sobre a continuidade da vida, mas a necessidade de tentar compreender os motivos para o exercício de tamanho terror.

Além do testemunho capaz de reforçar a verossimilhança de um filme premiado, Hertha é um exemplo de mulher que reconstruiu o presente e encontrou o futuro, depois de ver a juventude interrompida e de ter perdido tudo, a família, os amigos, as ruelas de sua pequena Bielitz, por onde, desde criança, carregava o sonho de ser bailarina. Ela está entre nós e é uma prova de que a vida sempre pode ser recomeçada, mesmo diante das maiores adversidades, daquelas em que o tempo presente se mostra não mais do que um imenso vazio e o passado está comprometido pelo terror da tortura, física e psicológica, e da morte cotidianamente anunciada.

A Sobrevivente A21646 foi escrito entre setembro de 2001 e agosto de 2002, a partir de várias conversas com Hertha, no seu apartamento, em Porto Alegre. Também me ajudaram a escrevê-lo, os filhos Mario e Lúcio, naturais conhecedores dos detalhes dessa história, tanto pelo convívio quanto pelo interesse de irem além das imagens criadas em suas memórias pelas narrativas da mãe, ao longo da vida.

De valiosa contribuição para este trabalho de reconstituição foi o conhecimento que Mario Spier, o filho mais velho, adquiriu durante suas visitas a museus de vários países e, em especial, a alguns dos lugares em que sua mãe esteve presa durante a guerra. Quando visitou Bergen-Belsen, por exemplo, perambulando pelo que restou do campo onde Hertha foi libertada quase sem vida, em 1945, pôde, de forma concreta, conhecer ainda mais de perto uma história que, desde a infância, também era a sua.

Meus agradecimentos finais ao médico e amigo Luiz Gustavo Guilhermano que, a partir de seus estudos sobre as características psicológicas de pessoas que conseguem sobreviver em situações extremas, muito contribuiu para a reconstituição da história de Hertha Spier.

***

Dona Hertha faleceu aos 101 anos de idade, em nove de fevereiro de 2020, em Porto Alegre-RS. Deixa os filhos Mario Spier e Lúcio Spier, as noras Sheila Behar e Nara Fogaça de Souza Nunes, os netos Lúcia, Rafael e Mario, e o bisneto Otto.

T. D.

1 AS FLORES DE COURO

Apesar dessa sensação de abismo em relação aos anos deixados para trás, Hertha carrega consigo, tatuada muito além da epiderme, não apenas as lembranças tristes da Guerra. Traz também na memória, tão firme quanto a tatuagem número A21646 encravada no braço, a recordação de dias alegres passados ao lado dos pais e dos irmãos, na sua distante Bielitz, na fronteira da Polônia com a Alemanha, quando, durante dias e noites, a cabeça pousada no travesseiro alimentava o sonho de dançar sobre o tablado dos teatros de Viena.

Hertha Gruber embarca para o Brasil em 8 de outubro de 1946, um ano e meio depois de ser libertada pelos ingleses do campo de concentração de Bergen-Belsen, Alemanha. O navio cargueiro que a conduzirá ao Rio de Janeiro zarpa do porto de Götemburg, Suécia, logo nas primeiras horas de uma manhã sombria e ventosa, sem multidões e os costumeiros lenços e acenos de quem diz adeus a um parente ou a um amigo que parte para terras distantes.

É outono, e o vento sopra com força, incessante, como a atingir, ao mesmo tempo, todos os flancos do navio. No cais, entre os poucos trabalhadores que por ali circulam naquele momento, apenas uma pessoa agita os braços em sinal de adeus. Lola Amsterdam, uma amiga e companheira de infortúnio desde os campos de concentração, não tira os olhos do navio que se afasta, lento e pesado, e a separa de Hertha talvez para sempre. À medida que a embarcação avança, Lola vai diminuindo o movimento dos braços, até ficar apenas com uma mão erguida, espalmada, estática, na esperança de que, apesar da distância, a amiga ainda possa vê-la por um último instante.

O porto fica para trás com extremo vagar, e Hertha, curiosa, enquanto acena para Lola, pergunta ao capitão por que o Christover está andando de forma tão lenta. Ele a chama para um lado da cabine de comando e diz que lhe vai mostrar algo. Os olhos fixos em direção ao cais, Hertha reluta em se afastar de onde está. Pretende ficar ali o tempo que for necessário para se despedir da amiga, até que sua vista não a alcance mais. Parada entre guindastes e armazéns, a outra mantém a mão erguida sobre a cabeça. Hertha pede ao capitão que a espere, acena para Lola, que volta a agitar os braços. Tempo e navio avançam, e a amiga, aos poucos, começa a desaparecer, até se tornar um pequeno e indefinido ponto sendo engolido pela distância, sobre a linha escura do mar. Só então, quando perde Lola de vista, é que Hertha vai até onde o comandante está.

Ele estende um imenso mapa sobre a mesa de trabalho:

– Você está vendo esta parte cercada em vermelho? – pergunta ele, indicando um trecho do mapa.

– Sim – responde Hertha, atenta a todos os movimentos do capitão.

– Neste momento estamos exatamente aqui afirma ele, apontando a janela, onde é possível ver, a distância, a parte superior do porto, a fachada de seus armazéns e o perfil de imensos guindastes plantados no cais, tudo ainda um tanto próximo em comparação ao tempo de navegação transcorrido até então.

– Este trecho está infestado de minas. Todo cuidado é pouco! Por muito tempo ainda teremos que conviver com esse drama. Há minas em praticamente todos os portos da Europa. Muitas já foram desativadas, mas nunca se sabe se não ficou uma perdida no meio do mar...

– Deus! – exclama Hertha, atônita. – Sobrevivi a cinco anos de terror em um gueto e em três campos de concentração para acabar explodindo no mar!?

O comandante ri, bonachão, esboçando no rosto um ar de exagerada tranquilidade frente à tensão do momento. Depois acrescenta, colocando a mão sobre o ombro de Hertha:

– E tem mais: o Christover também está lento assim por causa de seu peso. Estamos em cima de um carregamento de armas e munições com destino à Argentina...

Hertha coloca as mãos na cabeça e silencia. O comandante, porém, não altera o bom humor.

– Mas não se preocupe. Já fiz este trajeto algumas vezes. O segredo é andar devagar para não sair da rota. Só assim, nos desviando desta rota, é que poderemos encontrar uma mina pela frente.

– Deus me livre! – observa Hertha, enquanto esfrega as mãos e baixa os olhos para a plenitude das águas, como a procurar algo perdido entre as ondas que açoitam, vigorosas, o casco escuro do lento e pesado Christover.

Daquela distância, agora, é possível ver apenas uma parte do porto, a cobertura dos armazéns e a ponta dos guindastes de ferro, como se submergissem aos poucos na superfície do mar. Hertha pensa em Lola, sabe que ela ainda está lá, no mesmo lugar, talvez a mão ainda erguida em sinal de adeus, pois prometeu não se afastar do cais até que a última parte do navio, sobre a linha do horizonte, fosse finalmente tragada pelas águas. Respira fundo e faz o mesmo. Fica ali, o olhar fixo em direção ao porto, até que as pontas mais altas dos guindastes desapareçam para sempre diante dos seus olhos, e a viagem realmente tenha início.

A travessia até o Rio de Janeiro dura 30 dias, sem grandes transtornos, além dos enjoos naturais de quem não está acostumado ao cotidiano do mar. Fora a expectativa e a tensão diante do desconhecido e em relação à nova pátria que a espera no outro lado do Atlântico, os dias são de tranquilidade, pois representam para a jovem Hertha a chance de que precisa para recomeçar a vida, aos 28 anos, e encontrar um sentido para os anos que ainda estão por vir. O passado, para ela, mais do que não ter volta, está inexoravelmente perdido. E, apesar dessa sensação de abismo em relação aos anos deixados para trás, ela carrega consigo, tatuada muito além da epiderme, não apenas as lembranças tristes da Guerra. Traz também na memória, tão firme quanto a tatuagem número A21646 encravada no braço, a recordação de dias alegres passados ao lado dos pais e dos irmãos, em sua distante Bielitz, na fronteira da Polônia com a Alemanha, quando, durante dias e noites, a cabeça pousada no travesseiro alimentava o sonho de dançar sobre o tablado dos teatros de Viena.

Filha mais nova do comerciante Moritz Gruber e da dona de casa Amalie Gruber,[1] Hertha nasceu em 15 de julho de 1918, o ano em que terminou a Primeira Guerra Mundial. Moritz tinha um pequeno negócio em sua própria casa, na rua Six Strasse7, através do qual importava artigos de cozinha da Tchecoslováquia e os vendia na região. No final da guerra chegou a servir no exército, enquanto Amalie permaneceu em casa, cuidando dos negócios e dos quatro filhos do casal. Eram ambos naturais de Wadovitz, mas viviam em Bielitz (Bielsko-Biala), que pertencera ao antigo império Austro-Húngaro, atualmente território da Polônia. O idioma alemão foi mantido entre eles, e os filhos só viriam a aprender a língua oficial, o polonês, mais tarde, quando passaram a frequentar a escola. De tradição e cultura judaico-austríaca, os Gruber eram uma família de poucas posses, mas unida e dedicada ao bem-estar e instrução dos filhos. Gostavam de teatro e, nos fins de semana, seu programa preferido era passear juntos, pais e filhos, pelos campos e bosques que rodeavam a cidade. Embora sem maiores recursos, Moritz e Amalie não deixavam faltar em casa o essencial, principalmente educação para os filhos.

---

1 Seu nome de solteira era Lieberman.

Eugenie, a irmã mais velha de Hertha, nascida em 1905, trabalhava como bibliotecária na Biblioteca Pública da cidade, emprego que conquistou graças à sua determinação de se tornar uma mulher independente, fato incomum para os padrões da época. Gostava de viajar e teve um grande amor, Fritz Tuscovitz, a quem jamais esqueceu ao longo da vida. O único homem entre os irmãos, Max, nascido em 1907, era considerado o príncipe da casa e trabalhava com vendas, a exemplo do pai. Henriette, nascida em 1909, recebeu titulação em Praga como professora de inglês e, depois de formada, passou a dar aulas particulares em Bielitz, inclusive para membros de tradicionais famílias da antiga nobreza polonesa. E Gisella, a irmã mais nova de Hertha, nascida em 1911, era uma estilista de chapéus femininos e tinha um *atelier* especializado na cidade. Henriette e Gisella, pela proximidade de idade, eram muito ligadas. Desde pequenas frequentaram aulas de inglês e de pintura.

Hertha nasceria quando os filhos não mais eram esperados, havendo com isso uma grande diferença de idade entre ela e os irmãos. Por ser a caçula da casa, não lhe faltavam mimos o tempo todo, e seu lugar preferido quando criança era o colo do pai, de quem gostava de contar, em voz alta, os fios de cabelo que lhe restavam na cabeça.

Os quatro irmãos de Hertha já eram crescidos quando ela nasceu, e isso fez com que tanto eles quanto os pais a tratassem como uma espécie de mascote da família, que chegava a casa para alegrá-los depois do período de grande tensão e medo provocado pela Primeira Guerra. Esse fato, aliado a outras circunstâncias, como a gripe espanhola que, à época, dizimou milhares de pessoas em toda a Europa, fomentou entre eles a necessidade não apenas de mimá-la, sendo ela a caçula da família, mas também de cercá-la de toda a espécie de cuidado e proteção contra fatores externos que viessem a atormentá-la naquele período de recomeço e de novas expectativas de vida.

Hertha transformou-se, então, na bonequinha dos irmãos. No auge da admiração que sentiam por ela, vesti-la como Shirley Temple, considerada a menina-prodígio de Hollywood, ajudava-os a transpor um tempo em que os resquícios de terror ainda reinavam no mundo inteiro, principalmente entre eles, que viveram praticamente dentro do palco da guerra. Não raras vezes, Eugenie, sua irmã mais velha, a vestia como boneca e ficava ao lado dela, junto à janela. Queria chamar a atenção dos rapazes que passavam na rua, em direção a um estabelecimento de ensino superior situado nas proximidades da casa onde moravam.

Foi na infância também que Hertha, além da dança, desenvolveu as habilidades para trabalhos manuais. Aprendeu a lidar com corte, costura e estamparia, capacitação que haveria de lhe ser útil mais adiante, quando sua vida estaria constantemente em risco, nos campos de concentração por onde teria que passar.

Devido à natureza de seu carregamento e ao seu destino, a Argentina, o Christover está impedido de atracar no porto do Rio. Faz calor, os raios fortes do sol ardem na pele e a transparência da atmosfera revela uma luminosidade que, apesar de impedir a total abertura das pálpebras, deixa antever uma sensação desconhecida, de que ao horizonte foi dada a prerrogativa de se tornar maior do que realmente é. Hertha vê a Ilha do Governador, o Corcovado, o Pão de Açúcar, e respira fundo o ar tépido que circunda as praias da Baía da Guanabara. É nesse momento que ela ouve, às suas costas, vindos das mãos do homem que dias antes lhe falara sobre os perigos de minas perdidas e remanescentes da guerra, os acordes de uma viola. Em homenagem aos que se preparam para desembarcar em solo brasileiro, o capitão Krieger toca uma música tão alegre quanto estranha, que Hertha, nos dias seguintes, não demorará a identificar e a se acostumar: *Tico-tico no Fubá*, de Zequinha de Abreu, sucesso não apenas no Brasil, mas no mundo inteiro, já que, até ali, fizera parte, como trilha sonora, de quatro filmes internacionais, entre eles *A Filha do Comandante* e *Escola de Sereias*[2].

É o Brasil que espera Hertha para ser a sua nova pátria.

Uma lancha se aproxima e encosta-se ao navio. Ela desce as escadas e é levada até o cais, onde a esperam Thea Schneider e o marido Albert, prontos para ajudá-la a recomeçar a vida.

Hertha e Thea já se conheciam pessoalmente do *atelier* da irmã Gisela, a Gisi, em Bielitz, onde iam ajudá-la na confecção de chapéus e outros tipos de trabalhos manuais. Quando a situação na Europa se agravou, Thea fugiu para o Brasil e desde então ela e Hertha não tinham mais mantido qualquer contato. Hertha sabia apenas que ela trocava cartas com Gisi, de quem era muito amiga, e que fazia reiterados convites para que também fugisse. Após o início da guerra, Thea perdera o contato com Gisi, apesar de se corresponderem com regularidade até então.

Antes de embarcar para o Rio de Janeiro, Hertha e outras sobreviventes passaram por um longo período de recuperação. Logo no início, foram transferidas para alojamentos do próprio campo de concentração onde estavam confinadas, Bergen-Belsen. As equipes de socorro aproveitaram as casas abandonadas pelos comandos da SS e submeteram as ex-prisioneiras a um tratamento específico de recuperação de peso, à base de pão e açúcar. Hertha, que tinha 26 anos de idade ao ser libertada pelos ingleses, em 15 de abril de 1945, em meio a uma epidemia de tifo que se alastrava pelo campo, pesava apenas 28 quilos. Por muitas semanas não conseguia nem mesmo se levantar da cama. Várias das suas companheiras não resistiram e, debilitadas, morreram durante o tratamento.

Certo dia, quando pôde se levantar por conta própria, com muita dificuldade, caminhou até o banheiro e teve seu primeiro

---

2 *A Canção no tempo, 85 anos de músicas brasileiras* de Jairo Severiano e Zuza Homem de Mello, Editora 34.

grande sobressalto diante das reais sequelas da guerra. Foi apanhada de surpresa diante de algo ao qual estava desabituada havia anos: um espelho, objeto inexistente nos campos pelos quais passara. Durante os cinco anos em que estiveram confinadas, tudo o que Hertha e suas companheiras sabiam sobre suas próprias aparências, sobre seus próprios rostos, era por meio do relato recíproco. Nesse dia de reencontro com a distorção da sua imagem refletida no espelho, Hertha chorou muito. Reencontrar-se com ela mesma naquela situação, aterradora e desconhecida, após tantos anos de ignorância sobre o estado de seu próprio corpo, foi um choque.

– Não! Está errado! Não tenho as pernas tortas assim! Minhas pernas não ficam tão distantes uma da outra desse jeito! – gritou para si mesma, antes de voltar para a cama e chorar durante horas.

Hertha permaneceu em Bergen-Belsen até que, a partir de uma iniciativa do governo da Suécia e por intermédio da Cruz Vermelha, ficou determinado que as sobreviventes com tuberculose deveriam receber tratamento naquele país. A transferência foi providenciada rapidamente, e Hertha chegou à cidade de Malmöe em 15 de julho de 1945, data de seu vigésimo sétimo aniversário. A primeira manifestação que viu, ao entrar na cidade, seria a marca do tratamento e atenção dados a ela nos meses seguintes à sua chegada: para receber o ônibus que transportava as ex-prisioneiras, as autoridades locais organizaram uma recepção à entrada da cidade. As pessoas estavam dispostas nos dois lados da calçada e portavam bandeiras suecas sobre a cabeça, sinal de boas-vindas e hospitalidade.

Depois de um check-up e de perderem novamente os cabelos, agora cortados por questão de higiene, foram levadas para Karlstad, cidade próxima a Malmöe, onde uma escola havia sido transformada em hospital, especialmente para o tratamento das sobreviventes. Somente aí Hertha começa a retomar uma vida normal, depois de controlada a tuberculose e de recuperar gradualmente o peso perdido. Mesmo enfrentando precárias condições de saúde, esforçava-se para apressar a recuperação. Com dificuldades para se locomover, conseguiu um cobertor de lã e, no próprio leito, confeccionou um *tailleur*, todo costurado à mão, que foi por ela usado durante muito tempo enquanto se recuperava.

Desde que chegaram a Karlstad, as sobreviventes foram recebidas com carinho e atenção pelos habitantes da cidade. Era habitual eles se dirigirem às cercanias do hospital, muitos por curiosidade, outros para se solidarizarem com elas ou para lhes oferecer algum tipo de ajuda. Numa dessas visitas, uma garota sueca que falava alemão, chamada Kaisa encantou-se com Hertha e lhe perguntou se ela gostaria de receber alguma coisa, se havia algo que pudesse deixá-la feliz ou a ajudasse a passar o tempo. Hertha, cuja rigorosa dieta prescrevia apenas leite com aveia diariamente, respondeu prontamente:

– Desejaria tanto um *Matjeshering*![3]

No dia seguinte, para seu deleite, recebia das mãos da nova amiga a tão almejada *delicatéssen*. E, assim que Hertha foi readquirindo a autonomia e pôde sair do hospital, Kaisa passou a acompanhá-la em passeios pela localidade. Nesse período, Hertha também passeava com a amiga Genia, que como ela se recuperava em Karlstad. Certo dia, quando as duas procuravam o local de uma exposição de artesanato, abordaram um rapaz que acabava de estacionar sua motocicleta junto à calçada. Ele deu a informação e as acompanhou até o local desejado. Do encontro com Niels Shullstörm, o Nisse, nascia mais uma amizade, que duraria o período de permanência de Hertha em Karlstad. Numa ocasião, quando dançavam em um evento beneficente, Hertha percebeu que ela e Nisse eram muito observados e logo imaginou que, na verdade, os olhares de admiração se dirigiam ao amigo, pois ela o achava parecido com o

---

3   Arenque em conserva.

ator Tyrone Power. Para sua surpresa, veio a perceber, momentos depois, que as pessoas olhavam mesmo era para o seu braço esquerdo, para a tatuagem exposta, adquirida durante sua passagem pelo campo de Auschwitz. Perguntou a Nisse se ele não se constrangia, se não sentia vergonha do estigma que ela representava com aquela marca indelével no braço, e ele respondeu que não, muito pelo contrário, estava era orgulhoso dela e de sua capacidade de retomar a vida depois de tantas tragédias.

Como parte da programação desenvolvida entre as ex-prisioneiras para que pudessem ir retomando a normalidade de suas vidas aos poucos, Hertha foi convidada a passar o Yom Kipur[4] daquele ano em companhia de uma família da cidade. Chegou à casa dos Quartz com um turbante branco na cabeça. Não queria se apresentar aos anfitriões com poucos cabelos, situação que a desagradava. Após recebê-la com afeto e simpatia, o Sr. Quartz chamou-a para um canto e perguntou o porquê do turbante na cabeça. Antes que pudesse explicar, Hertha ouviu as palavras que ele tinha a dizer e nunca mais as esqueceu, tanto pelo poder de a terem deixado à vontade diante de si mesma como pelo carinho e bom humor com que foram pronunciadas:

– Minha filha, tire esse pano da cabeça. Os cabelos precisam de ar para crescer...

Dias depois, ainda em Karlstad, onde permaneceu durante cerca de meio ano, a diretora do hospital perguntou a Hertha o que ela gostaria de fazer para se sentir útil. Ela respondeu que era hábil nos trabalhos manuais em couro. Algumas horas mais tarde, chegava ao seu quarto um pacote com retalhos de couro das mais variadas cores. Trabalhando a maior parte do tempo na cama, Hertha passou, então, a confeccionar flores e adornos para vestidos com a mesma habilidade que, anos atrás, a tinha salvo de trabalhos pesados no

---

4 Dia do Perdão, quando os judeus, seguindo suas tradições, mantêm jejum por 24 horas.

gueto e no campo de Plaszow. Nesses lugares, juntamente com a irmã Gisi, que a acompanhara desde a execução dos pais nos bosques de Cracóvia, ela havia se especializado em bordar divisas e cerzir o tecido de uniformes de oficiais da SS que, empilhados em depósitos insalubres, haviam sido roídos pelos ratos.

Os trabalhos de Hertha não demoram a chamar a atenção tanto dos habitantes de Karlstad como dos turistas que passam pela cidade, e ela é convidada a participar de uma exposição de artesanato da Cruz Vermelha. Hertha está diante de seu estande quando se aproxima uma senhora, sorridente, como se a conhecesse de longo tempo, talvez uma ex-companheira dos campos de concentração que, como ela, estivesse agora disfarçada sob a sua real e verdadeira aparência, a de antes de a guerra começar:

– Hertha Gruber? – pergunta a recém-chegada.

– Sim! – responde ela, esforçando-se para recordar de quando e de onde a conhecia.

O esforço de Hertha, no entanto, se revela em vão, pois o sorriso com o qual Margareth Feychting se aproxima não é exatamente de quem reencontra uma velha conhecida, mas de quem vem disposta a elogiar o trabalho de uma pessoa que considera talentosa e sobre quem já havia pedido referências anteriormente.

– Comprei todas as suas flores, Hertha – conta Margareth, sorrindo. Tenho uma butique em Estocolmo e vou levá-las para vender lá.

Nasce assim uma grande simpatia entre ambas e, a partir daquele dia, Margareth Feychting passa a encomendar, periodicamente, as flores confeccionadas por Hertha em seu quarto, no hospital de Karlstad. A relação de amizade culminará, meses adiante, com um convite de Margareth para que Hertha passe alguns dias em sua companhia, em Estocolmo. Ela aceita prontamente o convite e, assim que a direção do hospital, após receber uma solicitação formal de Estocolmo, autoriza o seu afastamento temporário, começam os preparativos para a viagem.

Hertha dedica os dias seguintes ao trabalho de confeccionar o vestido para a viagem, sob o olhar vigilante de suas cinco companheiras que, como ela, recebem tratamento de saúde no mesmo hospital. Escolheu um tecido florido, combinando com o ambiente em que se transformara seu quarto desde o início do trabalho com flores, de todos os tipos e de cores variadas.

O vestido está pronto e Hertha o prova diante das amigas, que conferem todas as costuras e dobras para ver se está tudo em ordem. O embarque para Estocolmo será na manhã seguinte, na estação férrea de Karlstad, e Hertha comenta que não vê a hora de embarcar. Aquela será a sua primeira viagem de trem nos últimos anos, que não em vagões de gado de um campo de concentração para outro, sob a mira das carabinas e ao som do latido feroz dos cães amestrados dos guardas da SS.

– Desta vez não vai ser em pé, meninas! – diz Hertha, sorrindo, enquanto ensaia um passo de dança, o vestido novo combinando com a alegria de seu rosto.

– Terei uma poltrona só para mim! E poderei olhar a paisagem através de minha janela...

– E se no lado oposto à janela se sentar alguém muito, muito, muito interessante, senhorita Hertha?, pergunta Genia[5], alegre, enquanto a amiga caminha de uma ponta a outra do quarto, feliz, sem desviar um único instante os olhos do espelho, na porta aberta do armário. Alguém parecido com Tyrone Power...

– Ora, ora! Saberei dividir os meus olhares entre essa pessoa muito, muito, muito interessante e a paisagem que estará passando lá fora. Quando a paisagem estiver pouco interessante, cuidarei de olhar para o lado oposto e tudo estará resolvido, querida amiga!

---

5   Genia Lieberman vive atualmente na França, e Hertha já a visitou e troca correspondência com ela.

– E vice-versa!? – brinca Pola, sem se contentar com a resposta de Hertha.

– Sim, sim! – concorda ela, rindo como as outras. – E tem mais uma coisa que vou revelar a vocês, meninas... – continua Hertha, com ar de suspense, desviando os olhos do espelho e pousando-os no chão. Uma vez em Estocolmo, me verei obrigada a variar o cardápio!

– Hertha! – grita Genia, antes de soltar uma sonora gargalhada.

Adeus, leite com aveia da manhã à noite, minhas queridas! – proclama Hertha, girando o corpo na ponta dos pés, os braços erguidos em círculos sobre a cabeça, como a bailarina vaidosa que requer a atenção permanente da plateia.

– Isso sim, vai ser o máximo! – comenta Lola.[6] – Ver-se livre desse nosso leite com aveia de todos os dias será o máximo, Hertha.

Nesse instante elas são surpreendidas por três batidas na porta, que logo se abre. É a diretora do hospital que traz um envelope de carta. Antes de entregá-lo à destinatária, no entanto, chama a atenção de todas e faz uma observação bem-humorada.

– Quando cheguei à porta, tive tempo de ouvir os seus últimos comentários, meninas.

Todas se voltam rapidamente para a diretora, sérias.

– A direção do hospital liberou Hertha para a viagem a Estocolmo com uma condição, muito explícita, aos seus anfitriões... – continua a diretora, fazendo uma pequena pausa. – Que não lhe seja retirado do cardápio o leite com aveia, pois a nossa simpática hóspede ainda não voltou ao seu peso normal.

– Aaahhhh! – protestam todas.

Dando mais dois passos à frente, a diretora revela o motivo de sua visita ao quarto àquela hora. Volta-se para Lola e lhe entrega o

---

6 Lola Amsterdam foi viver nos Estados Unidos, a quem Hertha também já visitou e com quem passou a trocar correspondência.

envelope. É uma carta de Fred, seu irmão, que conseguira se salvar pouco antes de a guerra terminar. Fred era também o marido de Gisi, a irmã de Hertha que tinha uma chapelaria em Bielitz, a quem ela sempre fora muito apegada e através da qual aprendera a trabalhar com artesanato. Lola abre a carta e começa a ler o que ali está escrito. Depois interrompe a leitura e vira-se para Hertha.

– A notícia que tem aqui é para você – ela diz, a fisionomia já contrastando com a alegria vista no momento em que Hertha experimentava o vestido novo.

Lola entrega o envelope e a carta para Hertha que primeiro olha o nome do remetente, depois a segura contra o peito e senta-se na cama. Tanto quanto pode, retarda o momento de conferir o seu conteúdo. Experimenta a mesma sensação de medo que sentiu um dia, ao lado da irmã Gisi, quando era escoltada por soldados alemães, em meio a um bosque cerrado e escuro, e volta e meia ouvia os estampidos das carabinas muito próximos de si. Naquele dia, a caminho de Bergen-Belsen, o medo de Hertha tinha uma explicação meramente cartesiana: cada estampido de carabina que ouvia significava a morte de alguém no interior do bosque. E não havia qualquer garantia de que o próximo tiro não teria a ver com ela ou com a irmã Gisi. Agora tem em mãos uma carta que lhe traz uma notícia, uma situação que, dadas às circunstâncias do momento, ainda não oferece espaço para os meios-termos, apesar do silêncio das carabinas.

Confere outra vez o nome do remetente, Fred,[7] o cunhado de Hertha, marido de Gisi, e não há dúvidas de que ele se dirige a ela para lhe dar alguma notícia importante. É assim que acontece com todos os sobreviventes dispersos pelo mundo nesses dias de buscas e tentativas de reencontros.

---

7 Fred Pemper foi viver nos Estados Unidos depois da guerra. Ele e Hertha trocaram correspondência até a morte dele. Já havia morrido, quando ela viajou ao país para visitar o filho Mario, que lá estudava, em 1968.

– E que tipo de notícia se pode esperar ainda no calor de uma guerra que dizimou milhões de pessoas num raio muito próximo de si? – questiona-se Hertha, diante do olhar de preocupação de suas colegas e da diretora do hospital. Depois de respirar fundo uma, duas, três vezes, ela começa a abrir o envelope.

– Afinal, diz Hertha, com ingenuidade, uma marca de sua personalidade desde criança: – Por mais impossível que seja, as boas notícias ainda não estão proibidas!

Não foi difícil perceber a mudança repentina no seu rosto, em contraste com aquele olhar alegre e de felicidade do momento em que, diante do espelho, provava o vestido novo. As notícias boas não estavam proibidas, não. Mas as tristes pareciam ser proporcionalmente muito maiores e infindáveis, comentaria Hertha a seguir. A carta traz a informação que ela tanto temia a partir do instante em que começara a recuperar as forças e a lucidez, após ser resgatada quase morta das barracas infectas de Bergen-Belsen. Fred, o cunhado, informava que seu irmão Max, a última esperança de Hertha em reencontrar no mundo algum parente vivo, havia morrido pouco antes da rendição dos alemães, nas pedreiras do campo de Mauthausen, conhecidas como uma das mais mortíferas da Áustria.

Hertha sente-se só no quarto e no mundo.

Suas colegas e a diretora abraçam-na, uma a uma, e saem, a pedido dela, que quer ficar só.

Sua primeira decisão, quando fecha a porta do quarto, é rasgar o vestido florido com o qual pretendia viajar na manhã seguinte. A segunda é suspender a viagem. Coloca um vestido preto sobre o corpo delgado e permanece um longo tempo olhando-se no espelho, como se nas linhas bem definidas de seu rosto, no fundo dos seus olhos, no perfil de seus escassos cabelos contra a lâmpada do quarto pudesse estar a explicação para uma mudança tão violenta em sua vida em tão pouco tempo. Mas a terceira decisão a ser tomada naquela noite de contrastes, entre a alegria da viagem e a notícia sobre a morte do último irmão, é a de aceitar que não há alternativa a seguir que não a de se conformar com mais uma tragédia. Está sepultada para sempre a última esperança de encontrar o irmão vivo, o único de quem não tinha notícias desde o fim da guerra. O destino dos outros três ela conhecia bem. E é neles, nos irmãos mortos, que ela pensa, um a um, a cabeça fincada no travesseiro, entre um soluço e outro, enquanto a noite avança e o sono não vem. Relembra a infância ao lado dos pais, dos irmãos, do carinho que cada um lhe dedicava, ela que era a caçula da família, e é em homenagem a eles, que tanto a protegeram e a amaram quando criança, que toma a última decisão antes de a primeira claridade do dia entrar pelos vãos da janela do quarto. Se havia suportado tantas tragédias juntas, e em tão pouco tempo, e se encontrara em seu caminho pessoas bondosas que todos os dias lhe estendiam a mão com um prato de leite e aveia para recuperar as forças, era porque a vida estava ao seu lado e era de dentro dela, da vida que ainda pulsava com vigor dentro de si, que precisava extrair as forças necessárias para seguir adiante, soubesse ou não o que ainda teria pela frente.

Na manhã seguinte, abalada e triste com a notícia da véspera, Hertha embarcaria para Estocolmo, ao encontro de sua anfitriã Margareth Feychting. Ela a recebe de braços abertos e disposta a ajudá-la a superar não apenas a tragédia mais recente, a morte do último irmão, como a incentivá-la a retomar a luta para construir a segunda parte de sua vida.

Depois de três semanas em Estocolmo, Hertha retorna a Karlstad e é informada de que em breve será transferida para Allingsand, uma pequena cidade de repouso, também na Suécia, onde se submeterá à última fase de seu tratamento de recuperação. Gradativamente, o leite com aveia vai saindo do cardápio e, em pouco tempo, Hertha já pesa o dobro dos 28 quilos que tinha ao ser libertada, em Bergen-Belsen. À medida que recuperam a saúde, vão se solidificando a amizade e o espírito solidário entre ela e suas companheiras, até que saem a passear juntas pela cidade e visitam as cidades mais próximas. Divertem-se com a liberdade reconquistada e a perspectiva de recomeçarem uma nova vida em futuro muito próximo. Passado um ano, sem as sequelas da tuberculose que as levara à proteção de médicos e enfermeiros suecos, começam a pensar, de forma objetiva, no caminho a ser seguido a partir dali.

Ao contrário de Hertha, todas as suas cinco companheiras ainda têm parentes vivos espalhados pelo mundo e com eles trocam correspondência de forma periódica, desde Bergen-Belsen. Os preparativos para a partida vão se intensificando, há trocas semanais de cartas entre elas e seus parentes, a hora da separação se aproxima rapidamente sem saber como proceder quando for necessário deixar Allingsand, o último estágio de seu tratamento de recuperação. Assim ela se sente novamente só, sem ter alguém a quem recorrer e pedir socorro. Suas amigas estão preocupadas, não querem abandoná-la na Suécia, mas chega o momento em que não resta alternativa, senão a de retomar a vida fora das paredes da casa ajardinada de Allingsand, preparada especialmente para recebê-las depois de vencido o estágio de Karlstad.

Apesar da euforia pelo iminente reencontro com os parentes, as amigas de Hertha percebem que a tristeza dela cresce na proporção inversa às suas alegrias e tentam ajudá-la. Incitam-na a forçar a memória, a se concentrar nas suas recordações de antes da Guerra, pois só assim poderá se lembrar de algum parente ou amigo que tenha sobrevivido e que possa recebê-la em alguma parte do mundo. Numa noite, véspera da partida de Genia para a França, elas põem um lápis e um papel em branco nas mãos dela e forçam-na a puxar pela memória.

– É impossível que você não se lembre de alguém, Hertha! – comenta Lola.

– Não é falta de esforço – explica ela, a voz trêmula. – Tudo o que tenho feito nos últimos meses é tentar me lembrar de alguém, mas não consigo. Ninguém sobreviveu.

– Você tem que se lembrar, Hertha! Deve haver alguém...

– Não, não há ninguém! Não consigo lembrar!

– Faça uma forcinha a mais. Um pouquinho só. Você precisa tentar.

– Não há ninguém de quem eu possa me lembrar de que não sejam meus pais e meus irmãos. Gisi, Max, Jetti, Jenny...

– Tem que haver mais alguém, Hertha!

– Dos que me lembro, morreram todos.

– Um nome, alguém que não morreu, você precisa lembrar. Você vai conseguir!

– Gisi, minha irmã Gisi!

– Hertha, Hertha, Hertha, querida!

– Minha irmã Gisi se correspondia com alguém no Brasil, antes da guerra...

– Sim! E você se lembra do nome dessa pessoa?

– Ela queria que Gisi fugisse para o Brasil. Ela receberia a nós todos, se quiséssemos fugir também... Mas ninguém quis, todos preferimos ficar no nosso país. Lembro-me de que Gisi dizia não ao convite para fugir. "A minha família eu não deixo, jamais"... ela dizia.

– Sim, sim, Hertha! Mas e o nome? O nome dessa pessoa, Hertha?

– Se Gisi, pelo menos, tivesse fugido para o Brasil, hoje me restaria uma irmã viva...

– Hertha! O nome, Hertha!

– Sim! – grita Hertha, um ar de alívio no rosto. – Thea! Claro, claro, Thea, amiga de Gisi! Estavam sempre juntas, eu a conheci no *atelier* de Gisi!

Todas elas aplaudem, gritam eufóricas o nome de Hertha e abraçam-na, felizes.

– Thea Leipziger! Ela pode me ajudar, ela era amiga de Gisi, na chapelaria!

– Então é para Thea Leipziger que você vai escrever agora mesmo, Hertha!

– Mas eu só sei o nome dela, não tenho endereço, nada – argumenta Hertha, perdendo um pouco a animação inicial.

– Nem em que cidade do Brasil ela reside? – pergunta Genia.

– Rio de Janeiro, emigrou para lá em 1936, com os pais para fugir da guerra.

– Viu como é só puxar pela memória.

– Sim, sim! – acrescenta Hertha.

– Vamos tentar – acrescenta Lola. O nome da cidade não é muita coisa, mas já é um caminho.

– Não custa tentar, Hertha!

Alguém sugere que se escreva no envelope o nome da Congregação Israelita do Rio de Janeiro, para aumentar as chances de a destinatária ser localizada. Assim, sob o olhar atento das cinco amigas, Hertha escreve para Thea Leipziger naquela noite mesmo. No envelope não constava um endereço. Apenas:

Thea Leipziger
Idishe Gemeinde
Rio de Janeiro – Brasilien

Na ocasião, Thea já tinha outro sobrenome, Schneider, de seu casamento, e só foi localizada por um detalhe, creditado também à sorte. Como trabalhava na HIAS, uma organização de ajuda a imigrantes sobreviventes, alguém reconheceu seu nome e a procurou. Sua resposta chegou prontamente, com a notícia que todos esperavam: "Hertha, não te preocupes. Você virá residir conosco".

Quase que simultaneamente, Hertha recebe uma correspondência com um *Affidavit*, documento oficial que a autoriza a imigrar para os Estados Unidos. Parentes com os quais tinha menos contato, e que para lá se transferiram no princípio do século, localizados por intermédio de registros da Cruz Vermelha, lhe enviavam a documentação necessária para a imigração.

Hertha optou pelo Brasil.

2 A CAMINHO DO GUETO

Hertha virou-se para a porta e percebeu que seu pai acabava de entrar no quarto, o rosto lívido, a cada dia dando maiores sinais de envelhecimento e tensão. Enquanto sua mãe e as irmãs se acordavam, Amalie deitada na cama de Gustia e as irmãs estendidas no chão, ele falou algo que Hertha haveria de se lembrar para sempre, durante anos e anos, como as mais verdadeiras e consumadas palavras já ouvidas durante toda a vida:

— A partir de agora, minhas filhas, as nossas vidas não são mais nossas.

Aquela não era uma cena incomum na praça em frente a Bielitzer Stadt-Theater e ruas próximas, assim que terminava um espetáculo: casais solitários, grupos de várias pessoas, pais acompanhados dos filhos, homens, mulheres, crianças, espichavam um pouco o programa e paravam nas casas de chá e nos cafés, para tomar e comer alguma coisa, e comentar o que haviam visto no teatro, ou conversar sobre os compromissos que os esperavam no dia seguinte. Era em meio a esse burburinho de pessoas caminhando na praça e nas calçadas, de carros vagarosos circulando pelas ruas, que vinha a família Gruber, os pais Moritz e Amalie um pouco à frente, os filhos Max, Eugenie, Henriette, Gisella e a caçula Hertha, então com 12 anos, que segurava o braço do irmão Max, mais atrás. Como os demais transeuntes, também haviam saído do Teatro e tencionavam tomar chá antes de voltarem para casa.

Podia-se perceber no rosto de todos uma alegria que ultrapassava o simples prazer de quem acaba de assistir a um belo espetáculo de dança. Tudo porque a filha Hertha tinha um lugar privilegiado não apenas entre eles, mas entre os que por ali caminhavam naquele momento em direção às suas casas. Para orgulho não apenas dela, mas dos pais e dos irmãos, não raras vezes era reconhecida por alguém, alguma criança que lhe apontava o dedo, identificando-a e mostrando-a para os pais, que assentiam com a cabeça, como prova reconhecimento.

Hertha Gruber era a primeira bailarina da Escola de Danças Irma Keller e, naquela noite, acabava de fazer uma das suas apresentações, tendo sido muito aplaudida, mesmo depois de as cortinas se fecharem e se abrirem várias vezes. Trazia consigo uma vistosa *corbeille* de azaleias, oferecida pelo prefeito de Bielitz para homenageá-la pela apresentação que fizera momentos antes. Andaram mais um pouco e entraram no *Kaffeehaus*, o café onde costumavam ir, às vezes, depois das apresentações de Hertha no teatro.

Até então, ninguém tinha pensado em perguntar o que havia naquele pacote que Moritz carregava embaixo do braço desde que haviam se encontrado, próximo aos camarins, quando esperavam por Hertha para irem embora. Como ninguém perguntou, Moritz colocou-o sobre a mesa, enquanto esperavam pelo chá e as tortas, e abriu-o, com cuidado, parcimonioso, aumentando a cada gesto a expectativa sobre o que trazia ali. Foi uma surpresa para Hertha e os irmãos. Moritz tirou de dentro do pacote um álbum, entregou-o à filha e mandou que ela olhasse. Quando ela abriu o pacote, todos aplaudiram, como se ainda a estivessem vendo sobre o palco enquanto dançava. Seu pai, que exercia uma função burocrática na sinagoga local, havia aproveitado um antigo livro de anotações de contabilidade e colado nele, uma em cada página, todas as notícias e fotos de jornais sobre as apresentações de Hertha no Bielitzer Stadt-Theater.

Entre os recortes que Hertha jamais esqueceria[8], estava uma crítica do jornal *Schlesische Zeitung*, de Bielitz, publicada em 1928,

---

8 Nota do Autor: o conteúdo dos três recortes de jornais mencionados foi referido de memória, em alemão, durante as entrevistas preliminares para a confecção deste livro.

após uma apresentação no Bielitzer Stadt-Theater, em que ela protagonizara *Lichtertanz der Bräute* (oriental solo), de Anton Rubinstein: "Ungewöhnlich, vielfach weit übertre.ffende, Ausdruckskunst der Hände, und Arme. Schöne beherrschung des ganzen Körpers und ausserordentliche Geschicklichkeit, dabeifeine Steileinfühlung spricht auss der Orientalischen Szene, vomjungen Fraulein Hertl[9] Gruber gemimmt".[10]

Também constavam no álbum outros dois recortes, um do jornal *Beskiedenläudishe Zeitung*, de Bielitz, após a apresentação de *Spielhur Puppe in einem Spielladen*, de Linset Theimer: "Mit Begeisterungssturm, dankte das Publikum demjungen Fräulein Hertl Gruber für ihre Tanzakrobatik Spitzentanz und Spagat. Wenn das Balett nicht tief in einer Krise steckte, möchte man wünschen dass dieses Talent in spätem Jahren sich der Bühne widmet".

No terceiro recorte não havia a identificação do jornal que o publicou: "Hertl Gruber zeigte sich wieder in ihrer erstaunlichen Beweglichkeit, die bereits etwas akrobatenhajtes an sich hat. Sie scheint auf ihr Können, recht stolz zu sein und lässt sich auch gerne bewundem".[11]

– Daqui para frente, será tudo com você – disse ele, passando a mão nos cabelos da filha. No final, há várias páginas em branco... Isso significa que os jornais de amanhã é você quem os terá que recortar...

---

9 Hertha, no diminutivo, forma carinhosa de se referir a uma criança.

10 "Descomunal, magnífica expressividade das mãos e dos braços, belo domínio do corpo inteiro e extraordinária agilidade, ligados a delicado senso de estilo, eis o que se revelou na Cena Oriental interpretada pela senhorita Hertha Gruber".

11 Segundo recorte: "Com palmas entusiásticas, o público agradeceu à jovem senhorita Hertha Gruber por suas danças acrobáticas e clássicas. Se o balé não estivesse em profunda crise, desejaríamos que esse talento, dentro de alguns anos, se dedicasse ao palco". Terceiro recorte: "Hertha Gruber apresentou-se novamente com a sua surpreendente capacidade de movimento que tem em si algo de acrobático. Parece orgulhar-se bastante de sua habilidade e também aprecia ser admirada".

Hertha agradeceu, abraçou o pai e folheou o álbum, página por página, recordando-se e comentando com os irmãos todas as apresentações ali noticiadas, principalmente os trechos que se referiam à técnica perfeita e à grande habilidade para se expressar com as mãos e os braços.[12] Enquanto tomavam seus chás, Max olhou para o pai, depois para Hertha, e falou, com o cuidado de quem se prepara para tocar num assunto delicado, mas que, por conhecê-lo a fundo, evita entrar diretamente nele.

– Vocês não acham que Bielitz já está pequena para a Hertha? – disse ele, procurando uma forma leve e bem-humorada de abordar a questão.

Todos concordaram rindo, brincalhões, menos Moritz Gruber, que apenas balançou a cabeça, num tímido sinal de afirmação, certamente por saber aonde o filho Max queria chegar.

– Pois é – acrescentou o irmão –, e aquela possibilidade de dançar em Viena, Hertha?

Ela também fez um sinal afirmativo com a cabeça, entre tímida e vaidosa, mirando o rosto do pai.

– Você dança desde os sete anos – observou Max, olhando primeiro para a irmã, depois para Moritz. – Se você quiser mesmo seguir a carreira de bailarina, precisa pensar seriamente nessa possibilidade.

– Max, Max... – interrompeu Moritz. Deixa a menina! Ainda é muito cedo, não insista com isso, por favor!

– Se Hertha sonha mesmo em ser profissional, aqui ela não tem muito mais o que fazer – insistiu Max.

– Tem, sim – Max reiterou Moritz. Tem a família, é muito cedo para deixá-la sair pelo mundo, ir sozinha para Viena, uma cidade grande... Teríamos que ir todos juntos, mas isso não...

---

12 Outras apresentações de Hertha, das quais ela se recorda de memória: *Spieluhr* (Boneca da Caixa – solo), de Linset Timer; *Gavott* (Fraque e Cartola – solo), de Gossek; *Mercado Persa* (oriental – solo), de Katelalby; e *Rosen aus Süden* (Ponta – Solo), de Strauss.

– Ora, pai! – insistia o filho. Viena não é no outro lado do mundo. E a família não vai se desfazer se permitirmos que Hertha realize seu grande sonho.

– Max, Max... – Moritz repetia o nome do filho, mas era para Hertha que olhava.   – Deixe-a aqui entre nós, ainda é cedo. Hertha é uma criança. Uma criança mimada que não sabe enfrentar o mundo sozinha, longe da família. As notícias que chegam de fora não são boas. A guerra terminou há tempo, mas a tensão permanece no ar, muitas coisas não ficaram bem resolvidas. A guerra terminou há mais de uma década, Max, mas os nervos ainda parecem à flor da pele... A economia alemã está destruída, Hitler acha que os judeus são os culpados, ganha apoio popular e pode levar o nazismo ao poder num futuro muito próximo...

– Pai... – tentou prosseguir Max – pense bem.

– Ainda não, Max. Por favor. Hertha é uma criança, estará mais segura perto de nós...

– Hertha gosta tanto de dançar...

– Sim, eu sei. Mas é demasiado cedo... Hertha não saberia enfrentar o mundo sozinha, precisa de nós, de ti, das tuas irmãs... Precisa que alguém faça as coisas para ela, a leve aos ensaios... É uma criança... Teríamos que ir juntos. Não sou contra ela querer ser bailarina e se dedicar à dança. Vocês sabem, são testemunhas disso. Adoro vê-la dançar, quando a olho no palco, seus passos, sua graça, experimento um dos momentos mais felizes da minha vida. Todo o mundo sabe disso, estou sempre presente em suas apresentações, enfim, mas ainda é cedo...

– Mas é preciso haver um começo, um dia terá de acontecer.

– Max, Max... – reiterou Moritz. Não insista, por favor. Hertha não conseguiria sobreviver sozinha, longe da família.

Todos tomavam seus chás, silenciosos, enquanto o movimento diminuía nas calçadas e os carros escasseavam na rua em frente. Se, por um lado, Moritz se mostrava refratário à ida da filha mais nova para Viena a fim de seguir a carreira com que tanto sonhava, isso também tinha outra leitura, que não os deixavam com a sensação de derrotados, totalmente tristes. Significava que Hertha, a caçula, com quem todos se preocupavam e mimavam dia e noite, continuaria entre eles por mais tempo e continuar ao lado dela, orientando-a e admirando-a, também era bom para todos. Apesar dos 12 anos de idade, era tratada como uma criança que ainda não dera os primeiros passos sozinha. Era cercada de mimos e atenção, dia e noite, tanto pelos pais como pelo irmão Max e as irmãs. Eram Henriette, Eugenie e Gisella que compravam suas roupas e a vestiam, levavam-na aos ensaios, esperavam-na na saída para acompanhá-la de volta a casa, preparavam-lhe a comida, lhe penteavam os cabelos e cuidavam-na para que estivesse sempre bem arrumada, mesmo em casa, no seu dia a dia, entre eles apenas. Assim continuaria a família Gruber nos meses e anos seguintes, morando todos juntos, indo ao teatro e realizando seus costumeiros passeios de fim de semana pelos campos e bosques da cidade.

Naquela noite, depois que chegaram a casa, Hertha não se irritou com as irmãs que, quando queriam conversar diante dela sobre um assunto que lhe era proibido, falavam em inglês. Folheou novamente seu álbum de recortes, releu todas as notícias e custou a pegar no sono. Era tarde e ainda se ouvia a conversa das irmãs nas camas ao lado. Cada uma com um pequeno lampião à querosene, Eugenie, Henriette e Gisella tinham o hábito de ler, às escondidas, para que seus pais não as vissem e as advertissem, como sempre faziam, na hora de dormir. Hertha dormiu com o álbum embaixo do travesseiro, um presente do pai que, a partir daquele dia, haveria de acompanhá-la ainda por muito tempo, desde a fuga para Cracóvia, passando pelo gueto, até o último dia no campo de concentração de Plaszow, quando seria transferida para Auschwitz e se veria frente a frente com um homem que ficaria conhecido na história como "o anjo da morte".

Depois daquela noite, poucas vezes alguém da família tocou na possibilidade de Hertha se matricular numa escola de dança em Viena, como chegou a ser cogitado durante o período em que dançava na Escola Irma Keller e era admirada na cidade como a primeira bailarina do grupo. Embora sem abandonar totalmente a dança, à medida que crescia e se tornava adulta e o espaço para ela se restringia ao dos dançarinos da Escola, Hertha foi se dedicando a outras atividades. Dava aulas na Escola, quando a professora titular viajava ou adoecia, mas o seu cotidiano passou, de forma gradativa, a ser vivido em função de outros objetivos que, embora também ligados à arte, não eram a dança. Observando a irmã Gisella, a Gisi, em seu *atelier* de chapéus femininos, Hertha demonstrou interesse em se ocupar de algo relacionado a trabalhos manuais. Foi então que a irmã a encaminhou para o *atelier* da Sra. Wildner, onde passou a ocupar seus dias depois de abandonar a dança. Assim, além das habilidades para trabalhos manuais ligados ao corte e à costura, ela se iniciou também na pintura. Sob o olhar e os cuidados das irmãs, Hertha dedicava seu tempo à confecção de chapéus, luvas, flores e à pintura de quadros a óleo, atividade que iria acompanhá-la por toda a vida, mesmo depois de assumir uma outra profissão, quando muitos anos mais tarde, já no Brasil, ficaria viúva e assumiria o compromisso de dar estudos e uma profissão aos filhos.

Aos poucos, Hertha foi parando de dançar, já que a Escola de Dança Irma Keller era formada por crianças e, na cidade, não havia um grupo para adultos. Com isso, a família Gruber deixou de frequentar o Bielitzer Stadt-Theater, onde, anos antes, Moritz desfrutava de um camarote para ver as apresentações da filha. Aquela noite fria, em que Hertha carregava uma *corbeille* de azaleias oferecida pelo prefeito da cidade e entraram no *Kaffeehaus* para tomar chá, ficara para trás. Passada quase uma década, talvez não restasse nem como uma lembrança distante. Daquela noite, a não ser Hertha, que com carinho e orgulho ainda guardava consigo o seu álbum de recortes, ninguém mais parecia se recordar. Corria o ano de 1939 e o assunto era outro, enquanto a primavera amenizava o frio do inverno recém-acabado e as flores adornavam as ruas e campos da pequena Bielitz: o casamento de Gisi, os preparativos, a data que se aproximava, a preocupação de Amalie com os convites e a recepção aos convidados, que seria feita no salão da sinagoga local. O dia 29 de junho ainda estava um pouco distante, mas Amalie queria ir organizando tudo com antecedência para evitar correrias de última hora. Enquanto os filhos iam para seus quartos, ficaram os dois, ela e Moritz, sentados diante da mesa, anotando todas as providências a serem tomadas para o casamento. Gisi se casaria e iria morar em Katovitz, cidade próxima, também na fronteira oeste com a Alemanha.

Hertha se acomodou no trem, junto à janela. Olhava para o movimento do lado de fora, sem entender bem o que acontecia na plataforma e qual o motivo da agitação entre as pessoas, muitas com flores vermelhas presas ao peito, que circulavam em grupos, tensas, de um lado a outro da estação. Estava em Katovitz, cidade vizinha a Bielitz, onde Gisi fora morar depois do casamento. Sua primeira visita à irmã não havia se prolongado pelo tempo previsto. Na tarde do dia anterior, o cunhado Fred voltava para casa preocupado. Disse que o clima não era bom, havia tensão no ar, alguns trabalhadores estavam reunidos na praça central da cidade, outros caminhavam em grupos rumo à estação de trens, sinal de que podia haver uma revolução, até mesmo uma guerra, e sugeriu que Hertha voltasse para casa no dia seguinte.

Ao chegar a casa, encontrou o pai também circunspecto com as notícias que acabavam de chegar pelo rádio. A guerra talvez estivesse mesmo "recomeçando", interpretava Moritz, que já vivera e sentira, de muito perto, as tensões da Primeira Guerra, entre 1914 e 1918, e temia que o perigo voltasse a rondar a família. Era a primeira vez que alguém se dirigia a Hertha para falar do assunto tão diretamente. Sempre envolvida com a dança e cursos de educação artística, com os irmãos pensando por ela e lhe alcançando tudo pronto, não tinha noção exata do que estava acontecendo à sua volta, muito menos no mundo. Apenas ouvia, vez por outra, algumas referências ao clima político que não era bom em toda a Europa. Os alemães já tinham invadido as vizinhas Áustria e Tchecoslováquia, mas nunca lhe tinham alertado, de forma tão clara e objetiva, sobre a possibilidade de haver uma guerra e, principalmente, sobre as suas imediatas consequências. Talvez precisassem fugir para um lugar menos exposto. No caso de uma invasão alemã, por estar encravada praticamente na linha divisória entre os dois países, Bielitz seria uma das portas de entrada e uma das primeiras cidades a serem atingidas.

O mês de julho terminava. Alarmantes notícias de preparativos não deixavam dúvidas, em toda a Europa e no resto do planeta, sobre a iminência de um confronto de dimensões globais. As tropas de Hitler, que se movimentavam com desenvoltura não apenas dentro da própria Alemanha como também nos países já sob seu controle, eram a maior prova de que as tentativas de acordo feitas até ali seriam todas inócuas. A tensão aumentava a cada notícia ouvida no rádio. Apesar dos esforços diplomáticos, das idas e vindas de políticos de país em país, a situação era irreversível, e o próximo passo seria a invasão da Polônia.

Comentava-se nas ruas de Bielitz que 25 de agosto era o último prazo para o governo polonês, que vinha resistindo até aquele momento, se render aos alemães. A Polônia ocupava uma posição-chave nas pretensões de Hitler em relação ao Báltico e adjacências. O governo polonês, no entanto, não cedia às pressões para reconhecer a soberania alemã em Danzig, o principal objetivo de Hitler no momento, manobra que isolaria a Polônia do mar, concedendo aos alemães um maior controle na região, do Báltico ao porto de Meme, na Lituânia.

A família Gruber não tinha rádio. As informações sobre a proximidade da guerra vinham da casa de um vizinho e das conversas com amigos e conhecidos. Quando Moritz chegava da rua, Amalie corria ao seu encontro, querendo logo saber das últimas notícias. Ele vinha sempre tenso, apreensivo, e permaneciam um longo tempo trocando ideias, em voz baixa, como se planejassem alguma coisa que Hertha não podia saber. À noite, conversavam até muito tarde, e, mesmo em silêncio, os rostos denunciavam preocupação com os boatos que circulavam pela cidade durante o dia. Nesse período, eram frequentes as notícias de que, na Alemanha, acelerava-se um processo de demissão dos judeus de seus empregos, que já se refletia na Polônia e em outros países. Além do mais, o governo de Hitler incentivava, de forma gradativa, a transferência, para os alemães, da propriedade de estabelecimentos comerciais pertencentes aos judeus. Quando estava em casa, Moritz não parava muito tempo num lugar só. Andava por todas as peças, verificava os pertences da família, reunia documentos, abria gavetas, portas de armário, confidenciava alguma coisa para a mulher e saía à rua novamente. Amalie ficava em casa, volta e meia conferia a porta para ver se Moritz não estava chegando, trazendo alguma novidade sobre a guerra e suas possibilidades. O clima seguiu tenso entre eles até que, numa manhã, depois de uma noite praticamente em claro, tomaram uma decisão que, com pesar, precisaria ser colocada em prática já naquela mesma manhã. Teriam que deixar a cidade imediatamente, abandonar os negócios, a casa onde moravam, tudo o que ali havia sido colocado para seu conforto e de seus filhos desde o casamento, os armários, as louças, as roupas, tudo teria que ficar agora no lugar onde estava, à mercê da sorte ou do azar, pois não podiam perder tempo diante da iminência da guerra e das consequências para quem dela estivesse próximo.

No dia 23 de agosto de 1939, um dia depois de assinado o Pacto de Não Agressão, em que Rússia e Alemanha definiam interesses na região conflagrada, os demais países envolvidos no conflito se declararam em alerta máximo. Ao mesmo tempo, sinal inequívoco de tensão, tomavam medidas de precaução em todas as suas fronteiras. Ou seja: a guerra poderia começar a qualquer momento. Dois dias depois, em 25 de agosto, quando o governo britânico proclamava um tratado formal em apoio à decisão polonesa de resistir, mas cujo verdadeiro sentido era firmar posição ao lado da Polônia diante da invasão inevitável, Moritz Gruber, Amalie Gruber e Hertha Gruber embarcavam às pressas em um trem rumo a Cracóvia, carregando apenas os pertences que cabiam em suas pequenas malas. Apesar da pressa, Hertha, numa ação talvez premonitória, não se esqueceu de levar o álbum de recortes que ganhara do pai e todas as fotos da família que havia em casa.

Max, Henriette e Eugenie decidiram permanecer mais uns dias na cidade, acreditando que a situação pudesse se reverter. Caso contrário, também seguiriam depois, em companhia de Gisi e do marido Fred, que ainda estavam em Katovitz. O casal Gruber e a caçula Hertha iriam ficar no apartamento de uma prima de Amalie, em Cracóvia, que, por estar a 100 quilômetros da fronteira, parecia a eles um lugar mais seguro, onde a guerra talvez não os alcançasse.

Quando se despediram na estação, Moritz abraçou a todos, um a um, e fez algumas recomendações sobre como trancar bem a casa se precisassem fugir também, pois iriam retornar quando a situação ficasse menos tensa ou, na pior das hipóteses, assim que a guerra acabasse.

– Isso não vai longe, filho – disse Moritz, abraçando Max. – Logo estaremos de volta.

E embarcaram no trem, certos de que em Cracóvia, a 100 quilômetros de onde estavam, estariam mais seguros caso a guerra realmente estourasse nos dias seguintes.

O movimento nas plataformas e dentro dos trens naquela hora, cedo da manhã, estava fora do normal. Famílias inteiras embarcavam às pressas, pessoas que não encontravam mais assentos livres iam se postando nos corredores, alguns se sentavam nas próprias malas, mães agarravam-se aos filhos, temendo que pudessem se perder entre o grande número de passageiros, até que o sinal de partida soou na estação. Assim que o trem fez os primeiros movimentos, lento e pesado, ouviu-se um som seco e metálico de ferros batidos, uma rajada de vento invadiu os primeiros vagões e o cheiro de fumaça da locomotiva se propagou com rapidez. O inicialmente lento e espaçado estalo das rodas de aço sobre as emendas dos trilhos foi aumentando aos poucos, o gemido estridente das bielas cortava o ar enquanto os vagões ganhavam velocidade e a plataforma ficava cada vez mais para trás.

Hertha, que estava junto à janela, procurou os irmãos com os olhos e não os encontrou mais. Colocou a cabeça para fora e, aí sim, pôde vislumbrar os rostos contraídos de Max, Eugenie e Henriette, entre as outras pessoas que, àquela hora, esperavam a chegada do próximo trem. Ainda tiveram tempo de acenar uns para os outros, sorrindo, como haviam se habituado a fazer no Bielitzer Stadt-Theater, depois de terminadas as apresentações, quando os olhos atentos de Hertha perscrutavam a plateia em busca do olhar admirado dos irmãos e dos pais.

Quando chegaram a Cracóvia, uma semana antes do início da guerra, perceberam que o clima não era diferente do visto nas ruas e na enfumaçada estação de Bielitz. Algumas casas e edifícios ostentavam, nas janelas ou sobre as portas, a sinalização de que eram residências de não judeus. Famílias desembarcavam às pressas[13], olhavam em volta, com a esperança de encontrar ali a segurança

---

13   Dez mil judeus desembarcavam diariamente em Cracóvia nos dias que antecederam a invasão da Polônia pela Alemanha.

de um rosto conhecido a esperá-las, depois ganhavam o caminho das ruas, dispersavam-se pela cidade, todas à procura de um ponto seguro contra os tentáculos da guerra que as ameaçava.

A casa dos parentes onde iam se hospedar Hertha e os pais não ficava perto de onde estavam. Os bondes passavam lotados, o Castelo Wawel, construído na parte mais alta e que podia ser visto de qualquer ponto da cidade, era a referência que tinham para localizar o endereço dos Apfelbaum. Caminharam por várias ruas e, às vezes, encontravam um conhecido de Bielitz, mas se limitavam apenas a um rápido cumprimento. Não queriam perder tempo, precisavam caminhar com pressa, chegar logo ao seu destino e, uma vez encontrada a segurança que buscavam, aguardar que tudo passasse. Mantinham-se firmes na esperança de que a guerra, se realmente começasse, não passaria de uma semana ou duas.

Ao chegarem aos Apfelbaum, ouviram do dono da casa uma notícia recente, vinda de Varsóvia, pelo rádio, que corroborava com o pensamento de Moritz sobre o caráter transitório da situação: Hitler acabava de iniciar negociações diretas com o governo polonês sobre a questão de Danzig, aparentemente recuando na posição de invadir a Polônia naquele mesmo dia e sucumbindo às exigências britânicas nesse sentido. Na verdade, se saberia tempos depois[14] que o que Hitler fez não foi abrir espaço a uma possibilidade de acordo pacífico entre as duas partes, como inicialmente pareceu, mas dar à Grã-Bretanha tempo de voltar atrás nas garantias oferecidas à Polônia de ficar ao seu lado em caso de invasão. A notícia não chegou a alegrá-los totalmente, mas serviu para que o encontro entre os donos da casa e os recém-chegados fosse menos angustiado do que a situação impunha.

Como o apartamento dos Apfelbaum era pequeno, a única filha do casal passou a dormir com clcs, enquanto Hertha, Moritz

---

14   CHURCHIL, Winston S. *Memórias da Segunda Guerra Mundial*. Editora NovaFronteira.

e Amalie ficaram no quarto de Gustia. Na noite de sua chegada, Moniek Apfelbaum e Moritz permaneceram diante do rádio, que a cada momento transmitia informações sobre o impasse, mas sem o menor sinal de que as negociações estivessem avançando e pudesse ocorrer um acordo. Amalie e Frankia, mulher de Apfelbaum, também acompanhavam as notícias, mas aproveitavam o reencontro para falar sobre a educação das filhas e firmar promessa de se encontrarem mais vezes, sonhando que a situação melhorasse e os Gruber pudessem logo voltar para casa.

Hertha e Gustia, que tinham praticamente a mesma idade, conversavam no quarto. A noite avançava, e ninguém sentia sono. A cada sinal de uma notícia nova, todos interrompiam a conversa e escutavam. Hertha acabava de mostrar para Gustia o álbum de recortes de jornais e se propunha a lhe ensinar alguns passos de dança. Tinha uma certa experiência também na arte de ensinar, pois quando sua professora na Escola Irma Keller ficava doente ou viajava, era ela quem a substituía. Mesmo em casa, longe dos palcos, estava sempre ensaiando um passo, mostrava-se para as irmãs e os pais, queria ensiná-los também, e suas insistências sempre acabavam em risos e dissimulações. Agora que encontrara em Gustia uma certa receptividade, levava a sério a proposta de ensiná-la a dançar. Na primeira tentativa, Gustia quase caiu e ambas começaram a rir. Hertha tentou uma segunda vez, uma terceira, Gustia parecia não ter jeito para os movimentos sugeridos, mas nenhuma das duas desistia. Até que Hertha, a pedido da nova amiga, tomou a iniciativa de fazer uma demonstração dos passos mais fáceis, para que ela fosse observando e pudesse repeti-los depois. Como o quarto era pequeno, e ainda havia a cama e os armários para atrapalhar, entrou dançando na sala onde estavam os pais. Surpresos, todos se voltaram para as duas, que riam. Hertha dançava, indiferente ao rádio e suas notícias, até que Moritz pediu-lhe para parar.

– Hertha, minha filha! – disse ele, um tanto constrangido diante dos donos da casa. – Estamos em guerra e você dançando!

– Ora, papai – respondeu ela, sorridente, enquanto executava um *pax couriet* no centro da sala. – Estou ensinando Gustia a dançar!

Moniek e Frankia riram.

Gustia disse: "muito bem!" e aplaudiu.

Moritz continuou olhando para a filha, o rosto envelhecido, depois pediu a ela, então, que fosse dançar no quarto. Eles precisavam ouvir as notícias.

– Desculpem – acrescentou ele, dirigindo-se primeiro para Apfelbaum, depois para Frankia, sentada ao lado de Amalie. – Tem 21 anos, mas não passa de uma criança mimada... Os irmãos pensam por ela, sempre lhe alcançaram tudo pronto, na mão. A irmã mais velha, quando criança, a vestia como uma boneca e a deixava na janela para que os passantes pudessem admirá-la... Agora não tem ideia da tragédia que pode estar vindo nos apanhar a todos.

Os dias seguintes foram de tensão em torno do noticiário. Ao final da tarde de 31 de agosto, tocaram a campainha e Frankia correu para atender. Apfelbaum e Moritz continuaram diante do rádio à espera de notícias novas. Hertha e Gustia riam e ensaiavam alguns passos de dança no quarto; em cinco dias parecia ter havido algum progresso no aprendizado da prima; e Amalie, no meio da sala, olhava em direção à entrada, sobre o ombro de Frankia, que levava a mão à maçaneta para abrir a porta. Bem à frente vinham Max, Henriette e Eugenie, cada um com suas respectivas malas na mão. Amalie correu para a porta e os abraçou. Apfelbaum e Moritz abandonaram suas posições e também vieram recebê-los. Gisi e o marido Fred também já estavam em Cracóvia, mas iriam ficar na casa da mãe dele, que morava na cidade. A primeira emoção do reencontro durou pouco. Se vieram todos, era porque a situação em Bielitz não era boa. Max foi o primeiro a falar.

– Já é possível ver a movimentação dos tanques no outro lado da fronteira. A invasão não passa de amanhã.

A noite foi de medo e vigília. Hertha e Gustia foram para o quarto, enquanto os outros permaneceram ouvindo as notícias da guerra. De madrugada, a tensão e o cansaço os obrigaram a adormecer, mas por pouco tempo. Logo acordariam todos sob os sons da invasão alemã entrando pelas janelas do apartamento.

Os Gruber tinham ido todos para o mesmo quarto, assim que o cansaço, finalmente, vencera suas resistências. Os homens para um lado, as mulheres para o outro, e Hertha foi a primeira das mulheres a acordar, ainda muito cedo. Quando ouviu pela terceira vez aquele conjunto de palavras sendo pronunciadas em compasso de marcha, acompanhadas de batidas secas e uníssonas de coturnos sobre os paralelepípedos da rua, levantou-se do chão, onde dormia, e correu para ver o que estava acontecendo.

"Die Juden ziehen daher, sie ziehen durchs Rote Meer. Die Wellen schlagen zu, die Welt hat ruh/".[15]

Moritz e Max: já haviam saído do quarto sem que ela percebesse. Deviam estar na sala, acompanhados de Apfelbaum, diante do rádio, ouvindo as notícias.

"Die Juden ziehen daher, sie ziehen durchs Rote Meer. Die Wellen schlagen zu, die Welt hat ruh!"

Apressada e tensa, ainda verificou o interior do quarto e percebeu que a mãe, Henriette e Eugenie também acordavam. Na rua, continuavam as palavras a se repetir:

"Die Juden ziehen daher, sie ziehen durchs Rote Meer. Die Wellen schlagen zu, die Welt hat ruh!"

Hertha abriu a janela e viu, hasteada em cima do castelo de Wawel, tremulando pelo vento, uma imensa bandeira com a suástica

---

15 "Os judeus estão indo embora, atravessam o Mar Vermelho. As ondas se fecham e o mundo descansa!"

ao centro. Na rua, os soldados alemães marchavam em passo firme e cantavam em voz alta, em tom ameaçador, sinal de que a guerra não apenas começava, mas os alcançava também em Cracóvia, lugar onde inicialmente se consideravam mais protegidos do que Bielitz. Logo no primeiro dia, ultrapassavam-se todas as expectativas de que não avançaria além da fronteira onde moravam. Amalie, Henriette e Eugenie começavam a se dar conta do que estava acontecendo na rua. Hertha se virou para a porta e percebeu que o pai acabava de entrar no quarto, o rosto lívido, a cada dia dando maiores sinais de envelhecimento e tensão. Enquanto sua mãe e as irmãs desperta-vam, Amalie deitada na cama de Gustia e as irmãs estendidas no chão, ele falou algo que Hertha haveria de se lembrar para sempre, durante anos e anos, como as palavras mais verdadeiras e consuma-das já ouvidas durante toda a vida:

– A partir de agora, minhas filhas, as nossas vidas não são mais nossas.

Naquela manhã de primeiro de setembro, os Gruber e os Ap-felbaum ficaram em casa. A bandeira com a suástica tremulava sobre o castelo de Wawel, os soldados alemães marchavam pelas ruas de Cracóvia, as notícias falavam do avanço das tropas de Hi-tler em território polonês e de bombardeios em cidades próximas à fronteira com a Alemanha. Ainda não havia uma declaração for-mal de guerra, mas era dado como certo, para qualquer momento, um pronunciamento do governo britânico em apoio à Polônia e, dessa forma, anunciando o início oficial do conflito[16]. Isso só viria a acontecer, no entanto, dois dias depois, quando o primeiro-mi-nistro britânico, Neville Chamberlain, foi ao rádio para informar que à Grã-Bretanha, esgotadas todas as tentativas de acordo, não restava alternativa senão a de declarar guerra à Alemanha.

---

16 Semanas antes, o governo da Grã-Bretanha havia declarado guerra à Alemanha, caso ela atacasse a Polônia.

A partir dessa semana, o toque das sirenes passou a fazer parte do cotidiano dos Gruber e dos Apfelbaum, todos acomodados nos dois únicos dormitórios do apartamento os Gruber dormindo no chão, e os donos da casa, com a filha, no dormitório do casal. Passaram, também, a racionar alimentos, pois sair à rua, naqueles dias, era correr risco de não voltar mais. Assim que ouviam o toque das sirenes, corriam, juntamente com os demais moradores do prédio, para o subsolo do edifício. Não eram poucas as vezes em que se tratava de um alarme falso, fato que colaborava, também, para aumentar ainda mais o estado de terror e pânico em que todos se encontravam. Em outras, minutos depois do toque, assim que chegavam ao abrigo antiaéreo, ouviam o ronco dos aviões passando em baixa altitude, seguido do espocar das bombas explodindo sobre a cidade.

As notícias vindas de Varsóvia, pelo rádio, indicavam que na capital do país havia resistência, graças, exclusivamente, à disposição dos cidadãos poloneses em lutar contra o invasor e não por disporem de condições materiais para enfrentar o inimigo. Ao cabo de algumas semanas, não havia mais como resistir, Varsóvia praticamente se transformara em ruínas e a rádio local não tocava mais o Hino Nacional Polonês, como era sua tradição. A Polônia estava rendida e, a partir dessa nova realidade no mapa da guerra recém-iniciada, os tentáculos do nazismo se espalhariam, implacáveis, também por todos os recantos do território polonês.

Com a cidade sob controle, à medida que as semanas passavam, os bombardeios foram se tornando mais esparsos. As sirenes, no entanto, continuaram a fazer parte do cotidiano. Juntamente com o sobrevoo rasante dos aviões, o alarme sem hora para acontecer era uma das principais armas psicológicas da guerra, uma forma de manter a população sempre amedrontada e submissa. No apartamento dos Apfelbaum, os homens foram os primeiros a sair à rua depois da invasão. Precisavam comprar alimentos e, tão logo deram os primeiros passos na calçada, perceberam que alguns judeus já circulavam pela cidade com as identificações obrigatórias, uma braçadeira de pano branco, com a estrela de David pintada ao centro.

Os soldados alemães pareciam se multiplicar a cada esquina, estavam em todos os lugares, atentos ao movimento das ruas, casas e edifícios. A gravidade da situação e suas perspectivas podiam ser medidas pela imagem do castelo de Wawel, que, visto de qualquer ponto da cidade, mantinha sobre si, tremulando continuamente, uma bandeira com a suástica desenhada ao meio. Quando Moritz, Apfelbaum e Max voltaram para casa, Hertha e Gustia ensaiavam alguns movimentos de *ballet* no centro da sala. A dança, o envolvimento com suas técnicas e a possibilidade de transmiti-las a outra pessoa foi a forma que Hertha encontrou naqueles dias para se manter ocupada e passar o tempo, de se desligar do clima de opressão que afetava a todos dentro de casa, da mesma forma que a fumaça das bombas vinda da rua se entranhava nas suas narinas, nas roupas, nos cabelos, no corpo inteiro. Tão logo eles entraram, ela ouviu do pai, pela primeira vez, uma previsão que contrariava aquela que fizera sempre, desde a fuga de Bielitz, sobre o caráter transitório da guerra. Pelo que acabava de ver nas ruas, aquilo iria longe, precisavam estar unidos e preparados para resistir por mais tempo.

Moritz ainda falava quando ouviram um barulho de passos nas escadas, seguido de um toque prolongado e firme de campainha. Antes que um deles pudesse chegar à porta, seguiram-se várias batidas fortes, batidas secas e continuadas, como se houvesse pressa. Frankia correu para abri-la, mas Apfelbaum puxou-a pelo braço e pediu que ela aguardasse, ele mesmo receberia quem estivesse batendo. Enquanto caminhava, outras três batidas foram ouvidas, agora bem mais fortes, um som de madeira contra madeira, deixando a impressão de que tencionavam usar a força se ninguém corresse imediatamente para atender. Moritz fez sinal às mulheres para que se dirigissem ao quarto. A porta foi aberta e dois homens da SS, com as respectivas carabinas em punho, entraram e quiseram saber, de imediato, quantas pessoas havia ali.

– Nove – respondeu Apfelbaum.

– Todos homens? – perguntou um dos guardas, dando mais um passo à frente, espichando o pescoço para olhar além do lugar onde estavam.

– Seis mulheres e três homens.

– E onde estão as mulheres?

– No quarto.

– Tragam-nas.

Os homens se entreolharam, tensos. Apfelbaum espichou o braço e abriu a porta do quarto. Os SS, sem desviar das mulheres que estavam na frente, olharam atrás da porta, abriram os armários, gavetas, reviraram as malas, verificaram embaixo da cama de Gustia, bateram com o cabo das carabinas nas paredes, depois fizeram o mesmo no quarto do casal e nas outras peças da casa e voltaram à sala. Enquanto eles vistoriavam todas as peças, Eugenie e Henriette mantinham-se ao lado de Hertha, quase a sua frente, como para protegê-la diante do perigo.

– Têm armas em casa?

– Não.

– Diga sempre "senhor" ao final de cada resposta.

– Não, senhor. Não temos armas em casa.

O rádio na prateleira, junto à parede, foi visto pelo guarda que perguntava. Ele se dirigiu novamente a Apfelbaum:

– Têm rádio em casa?

– Sim, senhor.

– Todos os homens estão aptos para o trabalho?

– Sim, senhor.

O outro guarda escorou a carabina na perna, retirou do bolso uma caderneta e passou a anotar os nomes deles e o lugar de onde vinham. Terminado o trabalho, mostrou uma braçadeira de pano com a estrela de David pintada ao meio e avisou:

– A partir de hoje, ninguém sai à rua sem uma identificação igual a esta. Entendido?

– Sim, senhor.

– Ainda hoje vocês serão orientados sobre como providenciar as identificações. Entendido?

– Sim, senhor.

– Não saiam da cidade em hipótese alguma e aguardem novas ordens.

Dizendo isso, deram as costas e saíram. Ninguém se animou a fechar a porta enquanto eles desciam. O som desconexo dos quatro coturnos batendo sobre as escadas de madeira pôde ser ouvido até a última pisada, quando os dois homens ganharam novamente a rua. Aí, sim, Frankia correu para a porta e fechou-a depressa. Por um longo tempo, Hertha ficou abraçada às irmãs, que lhe acariciavam os cabelos.

O silêncio os acompanhou até a noite, quando se preparavam para dormir. Pouco antes tinham ouvido o barulho de tiros na rua em frente. Moritz e Apfelbaum estavam próximos ao rádio, o volume bem baixo para não chamar a atenção, quando tocou a campainha novamente. Foi um toque apenas e depois o silêncio. Ninguém se mexeu para abrir a porta. Talvez fosse prudente esperar um segundo toque. Era isso o que todos imaginavam, pois permaneceram no mesmo lugar, apenas olhando na direção de onde viera o som. E se a pessoa que estivesse no lado de fora se irritasse com a demora? Mas também podia ser alguém que se enganara de porta e, por isso, não viesse a tocar uma segunda vez. O melhor mesmo era esperar mais um pouco. Uma agulha poderia ter caído no chão naquele momento que todos ouviriam. Dez anos poderiam ter transcorrido entre o primeiro e o segundo toque da campainha, a ser ouvido em seguida, que ninguém teria percebido o lento passar do tempo. Foi preciso um terceiro toque para que Apfelbaum, tendo o cuidado de desligar antes o rádio, caminhasse à porta para abri-la.

– Boa noite! – disse o homem, que tinha uma identificação no braço.

Assim que pôde vislumbrar seu rosto sob a luz embaçada do corredor, Max, que vinha logo atrás de Apfelbaum, o reconheceu. Era Andy Preschl, namorado de Henriette, que também chegara a Cracóvia naqueles dias. Cumprimentou todos, mas não perdeu tempo em explicar o motivo que o levava até ali. Sua mãe morava em Gwozdziec, perto de Kolomea, na Rússia, próximo à fronteira, para onde pretendia fugir. Sabia de um trem que partiria naquela madrugada, no qual havia lugar para mais gente. Se todos quisessem fugir, ele arranjaria como, mas precisariam sair naquela noite mesmo; ele conhecia o caminho, não podiam perder tempo. Moritz descartou na hora a alternativa oferecida por Andy. Entendia que não deveriam se precipitar, apesar das circunstâncias. A situação estava difícil, mas não era o caso de fugir, pois tinha alguma esperança de que tudo ainda pudesse se reverter nas próximas semanas. E, se isso acontecesse, voltar da Rússia seria mais complicado e penoso do que voltar de Cracóvia para Bielitz. Moritz queria estar o mais perto possível de casa, assim se sentia seguro e poderia voltar rapidamente tão logo a guerra acabasse.

Apfelbaum concordava com Moritz. Além disso, estava em sua própria casa, fato que tornava difícil optar pela alternativa de viajar para longe, de uma hora para outra, sem qualquer preparativo. Sabia que a situação começava a ficar a cada dia mais dramática, mas estava em casa, e em casa, pisando sobre o que era seu, teria condições de resistir ao lado da mulher e da filha até a guerra terminar. Se o pai ficaria, se a família ficaria, se todos ficariam, Max também decidiu não ir. Apenas Henriette discordou de todos e quis acompanhar o namorado. Moritz tentou dissuadi-la, sob o argumento de que a família precisava enfrentar a guerra unida, todos juntos, lado a lado. Qualquer um que se dispersasse, sozinho, sem a companhia dos pais e dos irmãos, correria riscos maiores e intransponíveis. Mas estava decidido. Henriette se arrumou e seguiu para a Rússia, na companhia do namorado, naquela mesma noite. Despediram-se rapidamente, Andy já na porta, pois o tempo era curto. Henriette não deveria levar mala, nada, apenas a roupa do corpo e o que pudesse carregar nos bolsos, para não chamar a atenção durante a fuga. Ao se despedir de Hertha, abraçou-a com força, chamou-a de minha caçula e pediu-lhe que jamais se afastasse dos pais, de Eugenie, de Max, de Gisi, que também estava em Cracóvia, na casa da mãe de Fred, um dia aquilo tudo iria acabar e eles poderiam se encontrar novamente.

Disse um até breve, a porta se fechou às costas dela e de Andy, e novamente o silêncio passou a ser a única companhia dos que preferiam ficar. Henriette, a Jetti, apelido que lhe deram os pais no cotidiano da família em Bielitz, seria a primeira da família Gruber a partir e a enfrentar sozinha os perigos da guerra.

No meio da manhã seguinte, porém, enquanto Apfelbaum e Moritz tentavam sintonizar alguma rádio que lhes desse notícias novas, ouviram passos nas escadas de madeira, como se alguém estivesse com pressa ou fugisse de algum perigo. Seguiram-se duas batidas leves na porta e eles correram para abri-la. Era Jetti que voltava, a fisionomia de quem não havia dormido desde que saíra à noite passada com a intenção de fugir com o namorado. A primeira tentativa de fuga falhara, o trem no qual iriam fugir havia sido interceptado e mandado de volta para Cracóvia. Andy estava na casa dos amigos, onde se hospedara desde que viera de Bielitz e pretendia, junto com Jetti, fazer uma nova tentativa de fuga nos dias seguintes.

O cerco e a perseguição aumentavam à medida que o tempo passava, mas Jetti e Andy não desistiam dos seus propósitos. Não pensavam em outra alternativa a não ser fugir para a Rússia, para perto da mãe dele e onde acreditavam estar salvos. Entendiam que, uma vez lá, teriam condições de pensar com tempo numa melhor saída, uma fuga para mais longe, sem se exporem aos iminentes perigos de Cracóvia. Até que uma noite, alguns meses depois da primeira tentativa, eles partiram. Dessa vez Jetti não voltou e a dúvida sobre o sucesso da fuga passou a ser mais uma preocupação dos Gruber, entre uma corrida e outra para os abrigos antiaéreos, sempre que soavam as sirenes de alarme e, a seguir, o voo rasante dos aviões espalhava o terror pelas ruas, casas e edifícios da cidade. Até que chegou um cartão-postal enviado por ela. Dizia que estava segura na Rússia, com o namorado, e prometia escrever em seguida, dando mais detalhes sobre sua nova vida.

Com o cartão nas mãos, o semblante denunciando apreensão, Amalie indagava de Max, recém-vindo da rua, se ele sabia onde estava Eugenie, que saíra de casa logo na primeira hora da manhã e, até aquele momento, não havia voltado. Hertha e Gustia estavam junto à janela e olhavam para fora, para a noite que caía sobre o silêncio mortal da rua deserta. Eugenie, a Jenny, como a chamavam em casa, era descrita pelas outras irmãs como a mais altiva e determinada delas. Passava a ser, agora, a maior preocupação de todos, já que acabavam de receber a notícia sobre o sucesso da fuga de Jetti. As horas avançavam e nenhum movimento se ouvia na rua. Apenas ao longe, às vezes, como era comum naqueles tempos de guerra, o feroz latido dos cães ou o solitário estampido de uma carabina.

Pouco dormiram. Apenas Hertha e Gustia, recostadas no sofá, cochilaram brevemente enquanto chegava a madrugada. As ruas permaneciam silenciosas. Sair naquela hora à procura de Jenny, além de perigoso, seria infrutífero. Esperar foi o que decidiram fazer, num acordo mudo, solitário, no pensamento de cada um, sem que ninguém tivesse proposto claramente tal atitude. Era certo que na rua Jenny não estava. Não havia, portanto, alternativa senão silenciar e acompanhar, com os olhos presos ao relógio da parede, o lento avanço dos segundos, dos minutos, das horas, até que a cumplicidade do dia, quando as esquinas são menos traiçoeiras, os ajudasse a buscar a filha.

Assim que a primeira claridade da manhã trespassou os vidros da janela, aberta a noite toda para que os Gruber e os Apfelbaum pudessem olhar para fora, ouviram o barulho de passos distantes, de alguém que começava a subir as escadas.

É Jenny! – gritou Amalie, num impulso, correndo para a porta.

As pisadas se aproximavam, e Moritz olhou uma última vez pela janela. Um militar alemão acabava de atravessar a rua em direção à calçada oposta, onde a bruma da manhã era mais densa, até que o som dos passos, no interior do prédio, ficou muito próximo e cessou. Foi quando Amalie abriu a porta e correu para abraçar a filha que voltava para casa, depois de uma noite sem sono, povoada de pensamentos tão sinistros quanto o tempo em que viviam.

– Jenny! Jenny! Temíamos que eles tivessem pego você!

Jenny trazia uma sacola na mão.

– Onde você esteve? – perguntou Moritz, afastando-se da janela, de onde cuidava o movimento desde a noite e por onde acabara de ver um militar atravessar a rua.

– Me passei da hora e achei que seria perigoso voltar sozinha à noite – respondeu ela, enquanto caminhava em direção à cozinha.

– Você dormiu onde, Jenny? – perguntou Amalie.

– Fiquei na casa de uns amigos. Imaginei que vocês ficariam preocupados, mas achei que dormir lá seria a melhor alternativa.

– Amigos aqui em Cracóvia, Eugenie!? – quis saber Moritz. – Como você os conheceu?

– Ficamos aflitos, filha! – interrompeu Amalie, sem esperar a resposta de Eugenie.

– Eu sei, eu sei – disse ela.

A partir de agora é preciso ser mais responsável, Eugenie – interveio Moritz. – Eles estão matando por nada. E não é justo passarmos uma noite em claro, imaginando o pior, por causa de um descuido seu.

Jenny caminhou até a cozinha e pôs sobre a mesa a sacola que trazia consigo. De dentro retirou pães, leite e manteiga para o café da manhã, e peixes para o almoço.

Moritz quis saber de onde vinha aquela comida, se ela não tinha dinheiro para comprá-la. Eugenie primeiro silenciou. Depois, diante da insistência do pai, disse que conhecia um esquema clandestino de compra de alimentos. Fazia isso através de uns amigos conhecidos seus.

– Não gosto disso, Jenny – advertiu Moritz, o olhar duro e envelhecido pousado sobre o rosto belo e delicado da filha. – Não estou gostando disso...

– Eu também não – retrucou ela, colocando os peixes na pia e jogando água em cima. – Acontece que estamos em guerra, papai... E precisamos comer.

As restrições aumentavam a cada dia, sem o menor sinal de que a guerra pudesse acabar. Primeiro foi a identificação no braço, com a estrela de David. A seguir o horário para andar na rua, que não podia ultrapassar as 20h, quando todos deviam estar recolhidos em suas casas. Havia calçadas específicas para os judeus, que, nos bondes, só podiam andar na parte de trás.

Os Gruber continuavam no apartamento dos Apfelbaum e, entre as poucas informações sobre a guerra, havia uma que, a curto prazo, os deixava mais inquietos e assustados: crescia o número de casos de judeus que estavam sendo expulsos de Cracóvia para serem levados a campos de trabalhos forçados, especialmente em Varsóvia e cidades da região.

Além de Apfelbaum, Moritz e Max, apenas Jenny saía diariamente às ruas após o início da guerra. Ela se negava a usar a identificação no braço e circulava livremente pela cidade, voltava para casa depois das 20h, em outras dormia fora e desconsiderava a ordem de andar apenas na parte de trás dos bondes, comportamento que era preocupação constante dos Gruber. Temiam que Jenny, se identificada, pudesse ser morta como outras pessoas que fizeram o mesmo, desafiaram a ordem da identificação e acabaram fuziladas no meio da rua, sem qualquer julgamento, sem qualquer chance de explicação. Às irmãs, no entanto, Jenny deixava transparecer que mantinha um namoro secreto com um oficial alemão (o que era oficialmente proibido), fato que lhe permitia aquele tipo de comportamento e uma certa proteção. Diante das inquietudes da mãe, procurava acalmá-la de alguma forma, demonstrando segurança e uma certa tranquilidade ao expor seus argumentos.

– Não se preocupem comigo– dizia ela, quando alguém tocava no assunto. – Sei me defender.

– Se eles descobrem, matam você, Jenny! – advertia a mãe, sempre que a filha se preparava para sair.

– Não se preocupe, mamãe – afirmava Eugenie, ajeitando os cabelos e olhando-se no espelho.

Dessa forma, maquiada, elegante, bem vestida, Jenny saía para a rua todos os dias, aparentemente desconsiderando a possibilidade de ser identificada como judia e pagar o preço da desobediência. Sempre que voltava para casa, no entanto, trazia comida em quantidade suficiente para alimentar a todos, fato incomum em qualquer casa de judeus, numa época de violenta perseguição e escassez de alimentos. Durante esse período, os habitantes da casa dos Apfelbaum, mesmo sem perceber, puderam sair à rua sem problemas, sem que nenhum guarda ou soldado os molestasse. Quanto ao comportamento de Jenny nas últimas semanas, Moritz passou a silenciar, talvez achasse melhor fugir do assunto, já que conter a filha em casa era-lhe impossível nas circunstâncias em que se encontravam naquele momento, com as resistências psicológicas e a autoestima esfaceladas. Quando estava em casa, passava a maior parte do tempo em frente ao rádio, à espera de uma notícia animadora que o fizesse acreditar nas suas próprias previsões, agora tão somente uma tênue esperança, de que a guerra iria terminar em breve.

Meses depois, como todos já estivessem habituados ao comportamento arrojado de Jenny, ninguém pareceu se preocupar quando ela passou duas noites fora, sem aparecer em casa também durante o dia. Somente após a terceira noite de ausência é que Amalie fez um comentário sobre a filha, em tom receoso. Moritz ficou em silêncio, pensativo, mas não pronunciou uma única palavra. Quando Amalie falou novamente na filha, horas mais tarde, era preciso tomar uma providência então ele se permitiu dizer alguma coisa. Há muito vinha temendo pelo futuro da filha, mas nada podia fazer, a menos que ela aceitasse, seguisse seus conselhos e ficasse em casa, já que se negava a usar a identificação no braço. Além disso, não gostava, sentia-se humilhado, ferido, a cada manhã, quando ela chegava em casa, após passar a noite fora, trazendo alimentos que ele não sabia de onde vinham e a que custo Jenny os conseguia, se todos estavam cientes das dificuldades para se conseguir um pão, uma xícara de leite, uma cebola, até um dente de alho, quanto mais peixe, manteiga, ovos, frutas...

Amalie não fez comentários sobre essa observação do marido, ignorou-a por inteiro, tratou o fato como se ele não existisse, apenas reafirmou que o importante para ela, naquele momento, era não imaginar a filha morta, sem sepultura, sem nada. O importante para ela, insistiu diante do olhar absorto de Mortiz parado junto à janela, era ter a filha viva, entre eles, com saúde, para poderem resistir juntos até o fim da guerra e juntos voltarem para casa. Moritz calou-se, olhou para fora, o dia estava nublado, o frio era intenso, certamente teriam neve nas próximas horas, depois se virou para Amalie, o rosto abatido, e anunciou que tentaria encontrar Jenny.

Moritz não tinha muito o que fazer na rua para procurar a filha, a não ser caminhar, ficar atento para a possibilidade de encontrá-la por acaso. Nada mais que isso. Temia ser visto vagando pela cidade, sem tarefa e destino definidos. Se isso ocorresse, é certo que seria pego também. Mesmo assim deu algumas voltas ao léu pelas ruas de Cracóvia, apenas as mais movimentadas, sem se deter muito na observação de detalhes que chamassem a atenção de quem pudesse estar lhe observando os passos. Mas nada de novo via pela frente, apenas os soldados alemães circulando de um lado a outro e a bandeira com a suástica que tremulava em cima do castelo de Wawel.

Os dias passavam, Jenny não voltava para casa, crescia a certeza de que realmente fora pega, embora ainda houvesse alguma esperança de que estivesse viva, apenas presa em algum lugar e, assim, já que gozava de ótima saúde e disposição, pudesse resistir até o fim da guerra. Semanas depois, Max obteve junto à Congregação Israelita a informação de que ela estava detida, sem acusação formal, mas incomunicável, na penitenciária de Montelupe, em Cracóvia mesmo.

Para poupar os pais, Max revelou o fato apenas a Gisi, que também se encontrava em Cracóvia, e Hertha, que quis visitá-la na prisão. Através da Congregação, ele conseguiu permissão para que as irmãs fossem ao local onde ela estava presa. Hertha quis levar um livro para a irmã, pois era ela a que mais gostava de ler, era sempre a última a dormir, presa que ficava até tarde da noite à leitura dos livros tomados por empréstimo junto à biblioteca de Bielitz, onde trabalhava como bibliotecária. Mas apenas puderam vê-la ao longe. Para Hertha, foi difícil reconhecê-la, pois em nada lembrava aquela mulher bonita, sempre maquiada e altiva, que saía à rua todos os dias sem se preocupar com o que lhe podia acontecer. Estava magra, quase sem cabelos e aparentemente sem forças até para caminhar. Para poupá-los de mais uma dor, não revelaram o fato aos pais, mas voltaram com poucas esperanças de que ela pudesse sobreviver por muito tempo presa. Sua saúde estava abalada e, sabiam todos, inexistia qualquer perspectiva de a guerra acabar logo. Nesse período, de outra parte, foram vários os casos de oficiais da SS punidos, de acordo com as Leis de *Nuremberg*,[17] por terem mantido algum tipo de relação afetiva com mulheres judias.

Aproximavam-se o Rosh Hashana[18] e o Yom Kipur. As restrições à liberdade eram reforçadas diariamente, e uma delas era impedir que os judeus, principalmente nesses dias, se reunissem para rezar, como faziam todos os anos. Poucos dias antes do Yom Kipur, Max, que fizera alguns contatos com membros da Congregação Israelita de Cracóvia, contou em casa que, se os pais, as irmãs e os Apfelbaum quisessem, ele conhecia um *schil*[19] clandestino nas proximidades, onde poderiam rezar naquele dia. Acharam que a ideia era boa, estavam propensos a ir, quando os homens do edifício, juntamente com outros das redondezas, foram convocados para trabalhar. Abriram extensas valas numa rua próxima, a poucas quadras de onde estavam, sob orientação de soldados e de guardas da SS. Foram horas estafantes, da manhã à noite, sem qualquer informação sobre o que seria ali construído.

À véspera do Yom Kipur, último dia de trabalho na abertura das valas, estavam em casa apenas Hertha, Gustia, Amalie e Frankia, quando ouviram barulho de passos nas escadas. O medo, o longo tempo de confinamento sob tensão constante, fez com que

---

17   As Leis de *Nuremberg* foram anunciadas na reunião do Partido Nazista, em setembro de 1935. A Segunda Lei de *Nuremberg*, conhecida como "Lei Para Proteção do Sangue e Honra Alemães", proibia o casamento e as relações sexuais entre judeus e alemães étnicos. Um alemão que estuprasse uma judia era severamente punido, com expulsão do partido e prisão. Mas um alemão que matasse uma judia nem chegava a ser julgado, porque teria cumprido com um dever.

18   Ano Novo judaico.

19   Salas de reza.

aprendessem a reconhecer os sons vindos de fora. Não havia dúvidas entre elas de que quem subia naquele momento, batendo forte a sola dos coturnos sobre as tábuas frouxas da escada, era um soldado ou guarda da SS. Os olhos parados em direção à porta não podiam fazer mais que alimentar alguma esperança de que o destino dele fosse outro lugar qualquer do edifício, o apartamento de cima, talvez. Os passos se aproximavam, o som parecia a cada degrau mais próximo, até que, finalmente, cessou. Hertha, Amalie, Gustia e Frankia ouviram, então, aquilo que temiam desde o momento em que o primeiro passo soou à entrada do prédio: fortes batidas na madeira da porta, com o cabo de uma arma. Frankia correu em direção à entrada. Tão logo a porta foi aberta, o soldado entrou, ao mesmo tempo em que as outras mulheres se levantavam, tensas e amedrontadas. Ele as observou uma por uma e depois entregou o envelope que trazia na mão. Era um telegrama informando, sem maiores explicações, que Jenny havia morrido, em Ravensbrück, de infecção pulmonar.

Quando Moritz, Max e Apfelbaum voltaram do trabalho na rua, onde ajudavam a abrir as valas, Amalie se sentia mal e eles acharam que ela precisava de atendimento médico. Mas à noite era impossível sair. Deviam esperar a chegada do dia e Max chamaria o Dr. Fischer, presidente da Congregação Israelita de Cracóvia. Era outono, o período de sol diminuía e as noites começavam a ficar mais longas e frias. Pela manhã, Max foi à casa do médico e não o encontrou. Já deveria estar rezando no *schil* clandestino, próximo de onde moravam. Amalie apenas chorava, repetia o nome da filha Jenny, se queixava de tonturas e fortes dores de cabeça e no peito.

No Yom Kipur daquele ano, os soldados alemães invadiram *schils* clandestinos e sinagogas de Cracóvia, levaram todos os homens para fora e, ali mesmo, na rua, os fuzilaram contra as paredes dos próprios prédios onde se escondiam para rezar. A seguir, soube-se em toda a cidade o destino dado às valas que os homens, muitos deles mortos durante a batida, haviam aberto na véspera. No mesmo dia, aqueles que não estavam nas sinagogas foram convocados para um novo trabalho. Munidos de pás e enxadas, sob a luz dos holofotes, cobriram de terra, dentro das valas abertas na véspera, os corpos dos fuzilados. Moritz, Max e Apfelbaum voltaram para casa e reencontraram Amalie que chorava, abatida, inconsolável com a morte da filha. Hertha estava ao lado, segurava a mão da mãe e tentava acalmá-la. Sorria e falava de Bielitz, contava algumas histórias curiosas sobre suas apresentações no Bielitzer Stadt-Theater, certa de que a guerra não demoraria a terminar e, quando isso acontecesse, poderiam, mesmo sem Jenny, voltar logo para casa. A partir desse dia, abalados pela morte de Jenny, passaram a respeitar o *shiva*, ritual de luto judaico, quando os parentes rezam e permanecem em reclusão durante algum tempo.

A guerra avançava e eram raras as informações sobre seu andamento e suas perspectivas. Apenas Max, que mantinha contatos com a Congregação Israelita, naquele final de 1940, tomava conhecimento de alguma notícia e a repassava à família ao voltar para casa, à noite, antes do toque de recolher. Sabia-se, por exemplo, que seguia em curso um processo de expulsão dos judeus de Cracóvia, tanto os naturais da cidade como os que nela haviam se refugiado, e era isto o que temiam os Gruber e os Apfelbaum: serem levados para Varsóvia e outras cidades polonesas. Na capital do país, funcionavam campos de trabalhos forçados e para onde, até aquela data, já tinham sido deportados cerca de 50 mil judeus. Nesse período, no entanto, os homens foram convocados para um outro trabalho, sinal de que, pelo menos a curto prazo, não seriam expulsos de Cracóvia. Eles, agora, saíam todos os dias, cedo da manhã, para trabalhar na construção de um muro em torno do bairro de Podgóze, no outro lado da cidade.

Poucos meses depois, em 20 de março, era anunciado pelo governo alemão o Édito de 1941, o qual obrigava todos os judeus, naquele mesmo dia, a se transferirem para esse bairro, recém-cercado por muros, que passou a ser mundialmente conhecido como Gueto de Cracóvia. Os soldados, com suas carabinas em punho, batiam de casa em casa, de apartamento em apartamento onde morassem judeus, e anunciavam a ordem para evacuar a cidade. Malas novamente foram arrumadas, roupas, objetos que pudessem ser úteis no futuro, joias, o que restava de dinheiro, tudo o que era possível carregar foi reunido às pressas, e, em poucas horas, as ruas da cidade eram novamente tomadas pelo movimento de pessoas em fuga.

Hertha que, mesmo diante da adversidade da situação, jamais esquecera a dança e suas apresentações no teatro de Bielitz, reuniu na mala primeiro o álbum de recortes de jornais presenteado pelo pai, as fotos da família e, só depois, as poucas roupas que havia trazido consigo no início da guerra. Moniek Apfelbaum foi o último a deixar o apartamento. Antes de trancar a porta, voltou uma última vez, verificou as janelas, se estavam bem fechadas, as torneiras, as portas de armários, tudo ele passou em revista, para ver se estava em ordem. Diante da prateleira vazia, onde antes ficava o rádio de ouvir as notícias, se deteve um pouco, os olhos cheios e embaçados pelas lágrimas. Olhou em volta e caminhou para a porta, trancando-a com a chave. Conferiu se a fechadura estava realmente fechada, forçou a porta com o ombro para ver se não cedia com sua força e só depois desceu as escadas a fim de se reunir aos outros. Hertha, Gustia, Moritz, Max, Frankia e Amalie o aguardavam na calçada, as malas nas mãos, prontos para caminhar até Podgóze. Uma vez juntos, seguiriam a única direção possível naquele momento, integrados à multidão silenciosa que aumentava a cada esquina, rumo ao gueto que os esperava.

3 O PRIMEIRO CAMPO DE CONCENTRAÇÃO

"Sei que é perigoso, Gisi. Mas essas cartinhas, esses rápidos encontros junto à cerca de arame, sob o risco de levarmos um tiro a qualquer momento sem que ninguém possa se compadecer de mim, é o jeito que tenho, agora, de dar algum sentido à vida. São cartas poéticas, gentis, amorosas, e isso é bom, Gisi. Muito bom."

A entrada no gueto foi precedida de uma nova separação na vida dos Gruber. Primeiro, precisaram providenciar suas respectivas identificações junto aos guardas da SS que, diante de algumas mesas, anotavam os nomes e as filiações de cada um que chegava. Ao receberem seus *Kennkarten*,[20] ouviram a ordem de que não poderiam ficar na mesma habitação. Os Gruber e os Apfelbaum ocupariam residências diferentes, e as amigas Gustia e Hertha, que conviveram diariamente por mais de um ano, foram as primeiras a lamentar a separação. Hertha ainda tentou, sem sucesso, correr atrás dos Apfelbaum para se despedir, em meio ao burburinho e ao movimento dos guardas e dos cães. Puderam apenas acenar uma para a outra, ao mesmo tempo em que Hertha, ainda sem avaliar corretamente a gravidade da situação, prometia ir visitar Gustia no dia seguinte. Podiam ensaiar alguns passos de dança que precisavam ser aperfeiçoados.

A partir daquele dia, os Gruber passaram a dividir um quarto com várias outras pessoas (algumas, moradoras de Cracóvia mesmo, outras, como eles, chegadas de cidades da região, principalmente da

---

20 Documento de identificação, com nome e número, entregue a cada judeu que entrava no gueto.

fronteira). Pela manhã, recebiam um pedaço de pão com café e, ao meio-dia e à noite, uma tigela de sopa. Quando passavam os panelões com sopa ou café, cada um descia até a entrada do prédio para receber a sua ração. Vigiados dia e noite, os habitantes do gueto podiam circular pelas ruas durante o dia, mas à noite, a partir das 20h, tinham que obedecer ao toque de recolher. O latido dos cães era rotina, muitas vezes seguido do estampido das carabinas e da notícia, sussurrada pelos cantos e corredores dos edifícios, de que alguém havia sido executado por desobedecer a uma ordem qualquer. As pequenas violências, como surras por motivos fúteis e intimidações sistemáticas; os assassinatos, por desobediência ou mesmo sem qualquer motivo anunciado, eram práticas comuns utilizadas para destruir as defesas físicas e psicológicas dos prisioneiros, assim como atemorizá-los e mantê-los subjugados e sob controle.

Algumas semanas depois, Max passou a ocupar um cargo burocrático na Congregação Israelita e, por meio dessa influência, os Gruber foram habitar um apartamento individual, com quarto e cozinha. Uniu-se também a eles a irmã Gisi, que, até a transferência para o gueto, vivia em Cracóvia, no apartamento da mãe do marido Fred. O tempo passava e não tinham mais notícias de Jetti, que, ainda no início da estada deles no apartamento dos Apfelbaum, havia fugido para a Rússia com o namorado. O cartão enviado logo após a fuga era tudo o que sabiam sobre ela. Max, o único que obtinha alguma informação vinda de fora do gueto, tentava acalmar a mãe, sempre assustada e cada vez mais silenciosa. Argumentava que a falta de contato poderia significar que Jetti e Andy estavam realmente seguros e, diante dos perigos de se corresponder e serem descobertos, tinham preferido esperar as coisas melhorarem para a retomada dos contatos. Nesse período, no entanto, tinha Max obtido informações desalentadoras de que as forças alemãs avançavam rapidamente sobre a Rússia e, a cada localidade ocupada, iam deixando atrás de si milhares de judeus mortos. Para isso, dias antes da invasão, o governo alemão criara grupos de extermínio, cuja missão era reunir e matar judeus e oficiais comunistas nas áreas conquistadas.

O primeiro massacre dos chamados *Einsatzgruppen*[21] em território russo ocorreu já no primeiro dia de invasão, em 22 de junho de 1941, na vila fronteiriça de Virbalis,[22] onde centenas de pessoas foram executadas a tiros já dentro das próprias covas. Não demorou e chegou até Max, via Congregação Israelita, a notícia pela qual ele tanto temera nos últimos dias, a partir das informações de que as tropas alemãs, seguidas dos *Einsatzgruppen*, marchavam sem obstáculos sobre o território russo. Naqueles dias, Gwozdziec, a cidade para onde tinham fugido Jetti e Andy, fora tomada pelas tropas alemãs e a população judaica, executada pelos *Einsatzgruppen*. Esses grupos de elite, que usavam a tática de explorar o antissemitismo das populações locais de forma a obterem apoio para as suas ações, reuniam homens, mulheres e crianças numa praça e depois os levavam para serem executados a tiros, nos bosques próximos à cidade, onde eram enterrados em covas coletivas. A guerra era isso. Ao mesmo tempo em que dava aos Gruber o direito de saudar a decisão acertada de não terem também fugido para a Rússia, obrigava-os a chorar a fatalidade que levara a filha a sair de casa para ir ao encontro da morte.

Max guardou a notícia por uns dias, procurando uma forma menos dolorosa de revelá-la em casa, principalmente para a mãe, a mais abatida de todos com os últimos acontecimentos. Eles ainda estavam abalados pela morte de Jenny, mas chegou o momento em que nem ele próprio conseguiu suportar a angústia de saber o que tinha acontecido com a outra irmã sem revelar aos demais o

---

21 Unidades móveis de extermínio criadas pelo governo alemão para executar oponentes ideológicos. Havia quatro desses grupos de elite atuando em várias regiões da guerra. O maior massacre dos *Einsatzgruppen* ocorreu em Babi Yar, próximo a Kiev, na Rússia, em 29 e 30 de setembro de 1941, dez dias depois que os alemães conquistaram a cidade.

22 *A marca dos genocídios*, Michel & Raquel Stivelman (Imago Editora).

destino dela na Rússia. Os Gruber, no entanto, já davam sinais de cansaço e uma certa resignação diante das tragédias até ali vividas. A fuga para Cracóvia, a casa abandonada em Bielitz, o longo confinamento no apartamento dos Apfelbaum, a desesperança diante de uma guerra que não recuava, a situação que a cada dia parecia se encaminhar para o pior, como se estivessem dentro de um funil que os aniquilava sistematicamente; a tortura psicológica constante, os boatos espalhados pelo gueto para atemorizá-los, a banalização da violência, a presença da morte sempre muito próxima, espreitando nas esquinas sob o som das carabinas e do latido dos cães eram fatos que minavam a capacidade que tinham de resistir, de reagir a mais uma tragédia, mesmo que esta, a morte de outra filha, de outra irmã, lhes dissesse respeito de forma direta e objetiva.

Uma única pergunta foi feita, por Amalie, sem se dirigir a alguém especificamente, tão logo Max se calava depois de dar a notícia sobre a execução de Jetti. Amalie falou por falar, aquilo foi quase um monólogo, pois sabia que para sua pergunta não havia resposta. Talvez tivesse falado porque, no fundo, em algum recôndito de sua alma, quase apagados, ainda lhes restassem tíbios vestígios de identidade, fracos vínculos a indicar que suas referências ainda não estavam totalmente perdidas. Falou, enfim, tão somente para evitar que o silêncio deles, pais e irmãos, fosse a forma mais apropriada para receber a notícia sobre a morte de uma filha. Amalie perguntou, apenas por perguntar, sussurrando quase que para ela mesma, se não iriam lhes entregar o corpo dessa filha também, para que pudessem sepultá-la dignamente, sob os cuidados da família, talvez a única forma de lhes diminuir um pouco a dor que sentiam naquele momento. Ninguém respondeu, e Amalie não voltou a tocar no assunto. Sabia que a resposta era não, já estava escrito, de forma muito clara, que não lhes seria devolvido o corpo de Jetti, da mesma forma que não lhes fora devolvido o corpo de Jenny, e o máximo que lhes restava fazer era rezarem para ela também. Estava aí o único jeito de impedir que a imagem delas, a imagem de duas mulheres sempre alegres e cheias de vida, lhes pudesse ser apagada da memória.

Ao cabo de alguns meses, apenas Moritz e Amalie, devido à idade e aos problemas de saúde causados pela desnutrição e o frio, não saíam do gueto diariamente para trabalhar. Max e Fred, o marido de Gisi, ajudavam a construir, nos altos de uma pedreira das proximidades, sobre um antigo cemitério judeu, aquele que viria a ser um dos campos de concentração mais conhecidos da Polônia, o Plaszow, para onde seria transferida toda a população do gueto e de onde, mais adiante, Oskar Schindler[23] requisitaria centenas de judeus para trabalhar em suas fábricas, iniciativa que ajudaria a salvar a vida da quase totalidade dos recrutados.

Hertha e Gisi também trabalharam inicialmente no gueto. Depois foram para uma fábrica de roupas, em Cracóvia, para onde saíam todas as manhãs, em fila e escoltadas por soldados e guardas da SS, e voltavam à noite, apenas para dormir. Foi no período anterior à ida delas para a fábrica que Hertha conheceu Ari Reissman, com quem passou a conversar durante o tempo que lhes restaria no gueto e, a seguir, no próprio campo de concentração que ele ajudava a construir.

No início olhavam-se apenas, discretos, mas cientes de que, mesmo nas circunstâncias em que se encontravam, vigiados o tempo todo e sob o risco de serem punidos por isso, estavam unidos de alguma forma e, quando possível, deveriam se aproximar um do outro. Enquanto a chance de conversar não surgia, contentavam-se com encontros casuais à entrada do prédio, já que Ari morava no andar de cima do apartamento ocupado pelos Gruber. Até que um dia, perto do final do ano, Ari convidou Hertha e Gisi para irem, durante a noite seguinte, ao seu apartamento, pois ele iria comemorar seu aniversário. Hertha ficou feliz, queria ir, mas não tinha

---

23 Foi baseado na vida de Oskar Schindler que Steven Spielberg filmou *A lista de Schindler*.

coragem de contar o fato aos pais. No dia seguinte, pela manhã, quando saíam para o trabalho, revelou a ele seu impasse. Ari, então, perguntou se ele poderia ir a casa dela à noite, pois os convidados para seu aniversário eram apenas ela e a irmã Gisi. Hertha, num impulso, sem avaliar o assunto com detalhes, fez que sim com a cabeça.

Sair à noite no gueto depois do toque de recolher era praticamente impossível. Mesmo assim, sempre havia alguém que se arriscava a fazê-lo, às escondidas, espreitando becos e esquinas, lugares onde não houvesse, por um descuido, a vigília dos guardas e dos cães. O fato de morarem no mesmo prédio, portanto, facilitou o primeiro encontro de Ari Reissman e Hertha. Ainda não havia batido o toque de recolher, estavam todos sentados, em silêncio, quando ouviram passos de alguém que descia as escadas, e depois três batidas à porta. Eram batidas leves, discretas, de quem não quer chamar a atenção e de quem, principalmente, sente medo de ser descoberto. É natural, portanto, que as batidas não tenham causado grande sobressalto entre os Gruber. Os soldados ou os guardas da SS, quando chegavam, não tocavam a porta com a mão. Batiam com os cabos das carabinas. E tão logo entravam no prédio, lá embaixo, já era possível ouvir o som descompassado de seus coturnos batendo contra a gasta madeira das escadas.

Antes que alguém o fizesse, Hertha caminhou até a porta para abri-la. Ari entrou, uma garrafa de vinho na mão direita, esquivando-se para que a porta fosse fechada rapidamente. O medo, a tensão, a consciência de que estavam todos juntos na mesma luta e o firme propósito de preservar a vida até quando fosse possível, dispensou-os das formalidades que, em outra situação, seriam naturalmente observadas. Gisi cumprimentou Ari com entusiasmo, pois o conhecia dos furtivos encontros à entrada ou nas escadas do prédio e, quando estava a sós com Hertha, era sobre ele que conversavam. Max o saudou também. Moritz respondeu à saudação apenas com um aceno de cabeça, enquanto Amalie nada disse. Permaneceu como estava, quieta, a boca fechada e um olhar agudo e sem limites, que parecia trespassar as paredes e se perder na quietude da noite. Ela raramente falava nos últimos meses, apenas o estritamente necessário, cansada que estava de tudo e por entender que, para ela e para os demais, diante de todas as circunstâncias que se impunham entre eles, tanto fazia falar ou não.

Hertha esperava a vinda de Ari, mas não imaginava que tivesse coragem para tanto, logo no primeiro dia, depois da primeira conversa. Sua fisionomia não deixava esconder a alegria por vê-lo tão próximo e sem o risco de algum guarda os descobrir, mesmo que em seus encontros tivessem apenas trocado breves cumprimentos, nas proximidades ou no interior do prédio. Mas o ambiente na casa era de silêncio e de quase indiferença à presença de Ari.

Max, que se reunia com os demais membros da Congregação Israelita, preparava-se para sair. Logo no início, essas suas incursões à noite pelas ruas do gueto eram vistas com preocupação. Muitas vezes voltava tarde e, até que ele chegasse, Moritz e Amalie não dormiam. O latido de um cão nas proximidades ou ao longe, o som de algo que pudesse ser confundido com um tiro ou uma rajada de metralhadora eram seguidos de um sobressalto dentro de casa e um inconveniente ao sono que não vinha até o filho retomar.

Max saiu sem fazer barulho, estava acostumado e sabia por onde e em que circunstâncias andar à noite de forma a não ser descoberto. Além do mais, poucas pessoas sabiam, mas seu cargo na Congregação lhe dava algumas imunidades e privilégios que tornavam suas incursões pela noite do gueto menos perigosas. Gisi e Fred se recolheram. Ficaram na sala Amalie, que se mantinha recolhida ao seu habitual silêncio, e Moritz, que perdera por completo o hábito de procurar assuntos para iniciar uma conversa. Na casa dos Apfelbaum ainda havia o rádio, no qual ouviam as notícias do mundo. Agora, sem o noticiário e sem jornais, sem qualquer informação vinda de fora, apenas os boatos nascidos dentro do próprio gueto, todos sempre com o mesmo objetivo, confundir e ocultar o transcurso do tempo além do muro, perdera o ímpeto de conversar, trocar ideias, como sempre gostava de fazer. Hertha, a única que parecia ainda manter seus vínculos com a vida anterior a Cracóvia e ao gueto, recebeu Ari como se estivesse em sua casa, em Bielitz. Como se a presença dele ali, uma garrafa de vinho na mão e um tanto alegre para as circunstâncias, tivesse o caráter de uma banalidade dos seus tempos de dança no Bielitzer Stadt-Theater.

Ari Reissman trazia também um poema para Hertha, o que a incentivou a lhe mostrar o seu álbum de recortes de jornais. Lia as notícias uma a uma, em voz pausada, como se Ari não fosse capaz de entender ele próprio, com seus próprios olhos. Tomavam vinho e, enquanto lia, dependendo da foto, ela largava o álbum sobre a cadeira e, no meio da sala, mostrava-lhe como era o passo ali fotografado, acompanhado dos movimentos seguintes. A um canto da sala, permanecia Amalie, em pé, o olhar ausente, muda, como se nada daquilo que estava acontecendo a sua volta lhe dissesse respeito. Moritz, quando Hertha começou a manusear o álbum e a encenar os passos das fotos, esteve muito próximo de esboçar um sorriso, coisa que deixara de fazer havia meses. A comissura dos lábios se distendeu levemente, sutis, mas não durou por muito tempo. A seguir, meneou a cabeça e foi para o quarto, sem que ninguém percebesse sua saída, nem Hertha, nem Ari, nem Amalie com seu olhar que nada via e nada sentia.

Algum tempo depois da visita de Ari aos Gruber, após uma reunião na Congregação Israelita, Max voltava para casa contente. Trazia a notícia de que Hertha e Gisi, já no dia seguinte, passariam a trabalhar numa fábrica de uniformes, fora do gueto. Dessa forma, teriam uma ocupação condizente com o que gostavam de fazer e com o que tinham aprendido, ainda em Bielitz, na chapelaria e no *atelier* da Sra. Wilner. A notícia coincidia com o auge do inverno, de temperaturas negativas e de neve nas ruas e campos, e as duas teriam, a partir de então, a oportunidade de trabalhar dentro de casa, sem se exporem ao frio e à umidade.

Na manhã seguinte, na primeira hora, como de costume, apresentaram-se à guarda do gueto e seguiram para Cracóvia, em fila, as cabeças baixas, escoltadas pelos guardas e pelos cães policiais que os acompanhavam incondicionalmente. Tinham agora outra atividade: costuravam uniformes dos soldados e bordavam as divisas. Não demorou para que as duas começassem a se destacar, devido à experiência e à evidente habilidade para os trabalhos manuais. Um dia, ao perceberem que muitos rolos de tecido para uniformes haviam sido roídos pelos ratos, Hertha e Gisi se prontificaram para cerzir a parte estragada. Com fios retirados das extremidades da própria fazenda, cerziram toda a parte danificada de forma tão perfeita que nem as passadeiras perceberam que o tecido fora remendado. Essa capacidade de transformar seus conflitos e tragédias em poder criativo foi um mecanismo de defesa que as fez se sentirem úteis e ocupadas, livrando-as também do trabalho pesado e insalubre no gueto. Assim, continuaram a trabalhar na fábrica até o dia em que viriam a ser transferidas para o campo de Plaszow.

Hertha e Gisi voltavam para casa escoltadas pelos guardas e os cães, quando ouviram pela primeira vez uma notícia que lhes dizia respeito diretamente. No dia seguinte, todos os idosos, juntamente com pessoas inválidas ou indisponíveis para o trabalho, seriam retiradas do gueto, para darem lugar a outras que iriam chegar. Hertha e Gisi não precisaram mais que um olhar recíproco para entenderem o que se passava no pensamento uma da outra. Não foi necessário trocarem qualquer palavra nem se olharem uma segunda vez para que compreendessem qual seria o destino de Moritz e Amalie na manhã seguinte. Seriam eliminados, essas já eram palavras conhecidas de todos, não sobravam dúvidas sobre o destino dos pais, tão logo começasse a amanhecer. Chegaram em casa e a notícia já circulava também no gueto.

Amalie nada dizia, silenciosa, num canto da cozinha, os olhos parados contra o escuro e a umidade da parede. Moritz estava no seu lugar de sempre e, como a esposa, permanecia calado. A única esperança a ser alimentada era de que tudo fosse não mais que um boato para intimidá-los, minar possíveis resistências e mantê-los sempre sob controle. Tomaram a sopa e lhes faltou ânimo para qualquer movimento entre as poucas peças da casa. Apesar do cansaço, ninguém sentia vontade de ir para o quarto. Hertha abraçou-se à mãe e tentou conversar com ela, dizer que tudo era um apenas boato, eles queriam mesmo era semear o medo, intranquilizá-los, aquilo não iria acontecer jamais, era impossível que os levassem dali se não tinham para onde ir, se ali era o lugar dela, ao lado dos filhos que ainda lhes restavam vivos. Moritz abraçou-se a elas e recostou a cabeça sobre o ombro da filha, da sua caçula, daquela que ele tantas vezes vira dançar, os passos firmes e graciosos, sobre o tablado do Bielitzer Stadt-Theater; ele, que do seu camarote mantinha sempre a expectativa de que ela o olhasse para lhe acenar discretamente, estava no limite das forças e dava sinais de que a vida já começava a lhe escapar das mãos. Nesse momento, ninguém teve dúvidas de que Moritz chorava, silencioso, como se temesse não apenas a veracidade do boato, mas como se tivesse medo de chorar diante de todos, ele que era o pai, aquele que devia ser forte nas horas difíceis. Assim ficou: em pé, o rosto contra o ombro de Hertha, quieto, quase sem se mexer, como se não quisesse chamar a atenção de ninguém, abraçado também à mulher Amalie, ela que continuava absorta, em silêncio e já sem lugar onde pudesse apoiar os olhos perdidos e ausentes.

Durante a madrugada, Hertha e Gisi costuraram dentro do casaco do pai uma espécie de bolso disfarçado, onde colocaram as poucas joias que ainda tinham em casa. Talvez aquilo os ajudasse mais adiante, poderiam comprar selos para mandar notícias e até mesmo subornar algum guarda que lhes pudesse salvar as vidas. Não dormiram durante a noite, tensas e com alguma esperança, mesmo mínima, de que não lhes levassem os pais. Assim que começava a clarear o dia, sob a última penumbra da noite, no entanto, elas ouviram o som temível e conhecido dos coturnos batendo sobre a escada de madeira. Os guardas da SS acabavam de entrar no prédio e batiam com o cabo das carabinas nos apartamentos de baixo.

– Os velhos! Os velhos! Os velhos!

Os gritos dos homens e os passos foram se aproximando, sem demora, até que as carabinas foram de encontro também à porta dos Gruber.

– Os velhos! Os velhos! Os velhos!

Amalie, no seu imutável silêncio, apenas tremia o queixo e batia os dentes uns contra os outros, como se sentisse muito frio, um som tão terrível quanto o dos passos dos outros guardas subindo ao andar de cima com o mesmo objetivo, levar os velhos que dariam lugar aos novos habitantes que estavam para chegar ao gueto naquele dia mesmo.

– Os velhos! Os velhos! Os velhos!

Hertha correu em direção ao pai para abraçá-lo, chorando. Gisi foi ao quarto e reuniu em uma única mochila algumas roupas do pai e da mãe. Às pressas, pois os soldados e os guardas os esperavam à porta, ela disse ao pai, ao voltar do quarto, que as joias deles estavam costuradas dentro do casaco, talvez aquilo pudesse ajudá-los em algum lugar, se conseguissem fugir para um outro país. Tentou falar mais alguma coisa, pediu que escrevessem para mandar notícias tão logo fosse possível, mas não houve mais tempo. Amalie e Moritz foram puxados para a porta e imediatamente conduzidos ao caminhão que os esperava à entrada do gueto. Quando saía, Moritz ainda pôde se virar para Gisi e dizer, a voz quase inaudível, como se esvaída de um último refúgio da memória recém-desvelado:

Ich bitte dich Gisi, pass aus das Kind auf.[24]

---

24 "Peço a ti, Gisi, que cuide da nossa pequena."

E foi empurrado pelas escadas, junto com Amalie, que continuava, sem controle, a bater os dentes, os olhos sem movimento, uma expressão de terror a lhe encobrir as faces descamadas e sem cor.

Hertha, Gisi e Max se abraçaram, o único gesto possível de busca por algum conforto diante da imagem dos pais sendo carregados para fora, sob os gritos dos soldados que tinham pressa. As cabeças unidas, os braços entrelaçados, choraram em silêncio. Mas não por muito tempo. Em seguida teriam que descer para darem início aos trabalhos do dia.

Era hora de ir para o trabalho na fábrica. Hertha disse para Gisi que desejava morrer. A irmã, já naquele primeiro momento após a partida dos pais, tomou para si as palavras de Moritz e tentou consolá-la. Hertha insistia que longe dos pais não conseguiria mais viver, nunca havia imaginado que um dia lhes pudessem tirar o pai e a mãe, e isso era o fim de tudo, queria mesmo morrer, não iria suportar a vida longe deles.

– Nós seremos as próximas, Gisi! – disse Hertha, as mãos no rosto, tentando esconder o choro, enquanto caminhavam para fora do prédio.

– Não – sussurrou Gisi, com firmeza, como se desse uma ordem à irmã. – Não seremos as próximas, não! Nós vamos viver, isto sim! E isso vai depender muito de nós. Se quisermos morrer, se insistirmos com a nossa própria morte, acabaremos nos convencendo de que esse será realmente o nosso futuro aqui. E isso apenas facilitará o trabalho deles. Se quisermos colaborar com o inimigo, baixemos as cabeças e comecemos a procurar a morte que ela virá, sim. Mas se dissermos que não, que não vamos morrer, que não queremos morrer, que não haveremos de ser as próximas, estaremos tirando a metade das chances que eles têm de nos verem mortas. Ao mesmo tempo, aumentaremos as possibilidades que temos de sair vivas daqui um dia. E agora nos calemos, que conversar muito quando eles estão próximos também atrai a morte. E jamais deixe que eles percebam as tuas emoções. Isso, sim, é um grande perigo.

Elas caminhavam para o trabalho muito próximas uma da outra. Gisi mandou que Hertha enxugasse as lágrimas. Se fosse fraca, estaria colaborando com o inimigo, fazendo exatamente o que eles queriam. Dizendo isso, levantou o rosto e seguiu, ao lado da irmã, olhando firme para frente, uma posição que não denunciasse rebeldia, mas que também não fosse confundida com um gesto de submissão aos seus próprios princípios.

No entanto, a despedida dos pais, no apartamento, às pressas, antes de saírem para o trabalho, ainda não era o fim. Enquanto caminhavam sobre o barro e a neve, em fila, sob a guarda dos cães e das carabinas, veriam passar por elas, assim que saíam do gueto, um último caminhão cheio de homens e mulheres. Hertha levantou prontamente a cabeça e tentou localizar os pais na carroceria repleta de idosos. Mas não os encontrou, e o caminhão seguiu, lento e ruidoso, aos solavancos, até desaparecer na primeira curva da estrada. Ia rumo a um dos muitos bosques que circundavam a cidade, onde seus ocupantes seriam todos fuzilados assim que pusessem os pés no chão. Naquele mesmo dia, à noite, Max trouxe a notícia de que os pais tinham sido mortos não muito longe dali, juntamente com as outras pessoas que, como eles, foram retiradas cedo de suas habitações e levadas para os caminhões de transporte. Morriam assim mais dois Gruber, assassinados, ambos, com pouco mais de 60 anos de idade.

À noite, ao voltarem do trabalho na fábrica, Hertha e Gisi encontraram no lugar dos pais, em casa, um casal e seu filho, um menino de cinco anos, Leon, que passariam a morar com eles. Os Buchmann haviam chegado ao gueto no mesmo dia, na companhia de outras pessoas e nos mesmos caminhões que haviam levado os pais de Hertha para a execução nos bosques de Cracóvia. Com o passar dos dias, a rotina se restabeleceu entre eles, embora os Gruber se mostrassem constrangidos pela presença dos Buchmann no apartamento. Era uma habitação pequena, todos dormiam praticamente juntos, e o casal, com frequência, mantinha relações sexuais diante de todos, sem qualquer cuidado para não serem vistos.

Max, à noite, continuava a prestar serviços à Congregação Israelita e era o único que, eventualmente, vinha com alguma informação sobre o transcurso do tempo e da vida no lado de fora do muro. A guerra continuava, ninguém mais se arriscava a uma previsão de quando poderia acabar, muito menos sobre o futuro de todos eles. O certo é que o campo de Plaszow estava quase concluído e para lá todos iriam tão logo estivesse pronto. Max, Fred e Buchmann, o novo morador do apartamento dos Gruber, trabalhavam na pedreira juntamente com Ari Reissman que, à noite e às escondidas, ia visitar Hertha e lhe entregar os poemas escritos para ela depois do trabalho, no campo. Hertha lia-os em voz alta; leu-os tantas vezes que os guardou todos na memória. Entre uma leitura e outra, falavam também de dança, folheavam o álbum de recortes de jornais, olhavam as fotos dos pais, e Hertha rememorava suas apresentações no Teatro de Bielitz, o camarote usado pelos pais para vê-la dançar, dos seus sonhos de ser bailarina profissional em Viena. Na maioria das vezes, viam-se às pressas, não havia tempo para conversar, beijavam-se em pé, Hertha em cima de um banquinho de madeira para compensar a grande estatura dele. Ari também desenhava e fez um retrato dela, em grafite, que ela colou na parede, junto à sua cama, o qual não foi possível manter consigo depois, nos campos de concentração por onde passou.

Os homens foram os primeiros a serem transferidos para o campo recém-construído. Erguiam as barracas de madeira, enquanto as mulheres ficaram no gueto, nos seus trabalhos normais. Hertha se viu separada de Ari e esperava, ansiosa, o dia em que também iria para Plaszow.

Numa noite, poucos dias antes de se mudarem, correu o boato de que todas as crianças seriam retiradas dos pais, na manhã seguinte. O terror e o medo se estabeleceram entre as famílias com filhos pequenos em casa. No apartamento, procuraram não falar sobre o assunto em frente a Leon, o garoto de cinco anos que fora morar com os Gruber, acompanhado dos pais, Mirta e Buchmann, este agora vivendo no campo de concentração para construir as barracas. Hertha, que olhava as fotos dos pais e folheava seu álbum de recortes sentada no chão, preferiu não fazer comentários. Estava certa de que não se tratava de um blefe, como não fora blefe a notícia sobre seus pais, meses atrás, divulgada poucas horas antes de os mesmos serem levados de casa.

Mirta ouviu a notícia, pegou o filho pela mão e se fechou com ele no quarto. Não saíram mais, nenhuma palavra foi dita dentro de casa a partir daquele momento, e não se soube o que fizeram Mirta e o filho trancados no quarto depois disso, se conversaram, se dormiram, ou se apenas ficaram abraçados enquanto a noite avançava, veloz. Hertha e Gisi se recostaram uma na outra, as costas contra a umidade fria da parede, e até a madrugada chegar; até se ouvir novamente o barulho descompassado dos coturnos batendo sobre a madeira das escadas; até se ouvir o som seco das carabinas contra a madeira das portas misturado aos gritos de crianças e mães desesperadas; até a hora em que os soldados entraram no apartamento dos Gruber para arrebentar a porta do quarto e levar o garoto; até esse momento é certo que não se ouviu nenhum som, nenhum sussurro, uma única palavra sequer foi ouvida até a porta ser derrubada para dar passagem aos homens que chegavam para levar Leon.

Depois, sim, depois de se ver cara a cara com o terror é que Mirta começou a gritar, depois que tiraram Leon de seus braços, também aos gritos, a mãe tomou uma atitude, a única atitude que julgou cabível naquele momento, diante da imagem do filho sendo levado pelos soldados: segurava os cabelos com as duas mãos e tentava arrancá-los com fúria e desespero, mas sem choro, sem demonstrar que sentia a mínima dor provocada por esse gesto. No seu rosto não havia espaço para outra expressão que não o pavor de saber que o filho seria morto a seguir, não muito longe dali, sem que ela nada pudesse fazer para evitar esse desfecho.

Ainda na mesma manhã, correu pelo gueto uma notícia confirmada depois por Max: o Dr. Fischer, que tratara de Amalie no dia em que a família tomara conhecimento da morte de Jenny, e também membro da Congregação Israelita, fora encontrado morto, dentro de casa. Estava ao lado da mulher e dos dois filhos do casal, que eles se negaram a entregar para serem executados. Como era da comunidade, sabia de antemão, com certeza, que as crianças naquela manhã seriam mesmo levadas para a morte. Usando gás, preferiu a morte, dele e de sua família, do que se ver separado dos filhos e sabê-los mortos, momentos depois, sem nada poder fazer.

Em 13 de março de 1943, o gueto de Cracóvia foi totalmente evacuado e seus habitantes, transferidos para o campo de Plaszow, construído nas proximidades, ao lado de uma pedreira, sobre um cemitério de judeus. Nesse dia, Amon Goeth, o comandante do campo, faria um discurso público, invocando os benefícios que aquela decisão representava para o povo polonês. Ficariam no gueto apenas os poucos idosos que, por algum motivo, tiveram a sorte de não serem localizados no dia em que Moritz e Amalie foram capturados, alguns vindos após esse episódio.

De todas as pessoas que seguiam com suas mochilas para o campo, cabisbaixas e amedrontadas, talvez a única que tinha um motivo para estar conformada era Hertha. Essa seria a chance de se reencontrar com Ari Reissman, que já estava no campo juntamente com Max e Fred, o marido de Gisi. Mas logo na chegada ela teria a sua primeira decepção. Reissman acabara de ser transferido para outro local. Fora recrutado para trabalhar em uma fábrica nos arredores de Cracóvia, a Kabelwerg. Esse fato impediu a aproximação tão esperada por Hertha desde o dia em que soube da mudança deles para Plaszow.

Também quero ir pra lá, Gisi! – disse Hertha à irmã, chorando, enquanto jogava no chão os seus poucos pertences, algumas roupas, fotos da família e o seu álbum de recortes de jornais.

– Você sabe que isso não é possível, Hertha.

– Então eu quero morrer!

– Pare de falar em morte! Já temos mortes suficientes a nossa volta para que você fique a lembrá-la a cada instante!

– Ele não devia ter concordado em ir, Gisi!

– Não diga bobagens! Você sabe muito bem que é impossível não aceitar o que eles determinam.

– Por que tudo isso, Gisi?

– Ninguém sabe, querida – disse Gisi, passando a mão nos cabelos da irmã, para consolá-la. Agora chore um pouco enquanto temos tempo. Chore que isso te fará bem. Mas em silêncio, sem que ninguém veja. Depois enxugue as lágrimas e vamos fazer aquilo que nos mandarem, como se nada tivesse acontecido. É o único jeito de sobrevivermos até o pesadelo chegar ao fim.

Em Plaszow, Hertha veio a se reencontrar com Lola Amsterdam, irmã de Fred, marido de Gisi, com quem construiria fortes laços de companheirismo e amizade. Passariam juntas pelos mesmos campos de concentração, viveriam tragédias semelhantes e só se separariam no distante dia em que Hertha viesse a partir para o Brasil. Lola é a mesma mulher que anos adiante, numa manhã ventosa de outono, iria ao porto de Götemburg, na Suécia, se despedir da amiga que partiria a bordo de um cargueiro carregado de armas, rumo ao outro lado do oceano.

Hertha teve pouco tempo para lamentar o desencontro com Reissman. Assim que chegaram a Plaszow, todas as mulheres foram convocadas para irem ao Appellplatz,[25] onde seria feito o controle de chamada, na presença do comandante do campo, Amon Goeth. Nesse primeiro dia, após a chamada, Goeth caminhou entre elas, examinando-as uma a uma da cabeça aos pés, depois escolheu cinco delas. Aquela prática passaria a ser rotina todas as manhãs, na hora da chamada. Amon Goeth, cercado pelos seus guardas, transitava entre as mulheres, todas em fila e em silêncio, e escolhia as mais bonitas para acompanhá-lo até a casa do comando, que ficava na parte mais alta, visível de todos os pontos do campo, apelidada de Casa Branca, onde à noite havia festas até a madrugada. As mulheres escolhidas não voltavam mais para o campo, o que deixava entre as demais a convicção de que eram eliminadas para não revelarem o que lá acontecia.[26] Todas as manhãs, à hora da chamada, se pudessem, as mulheres evitariam a própria respiração, tal era o medo de virem a ser uma das escolhidas do comandante Goeth.

Hertha e Gisi foram para as oficinas do campo, no setor de tapeçarias, pois já haviam demonstrado serem hábeis nessa atividade quando, ainda no gueto, trabalharam na fábrica de uniformes e cerziam tecidos roídos pelos ratos. Hertha passou também a confeccionar bonecos com retalhos de pano e couro. Isso chamou a atenção de um oficial, que pediu-lhe que fizesse um para presentear o filho, no Natal. Outros oficiais também gostaram e quiseram que ela fizesse novos bonecos para serem enviados às suas famílias, na Alemanha. Hertha confeccionou vários bonecos com uniformes completos, divisas, quepes, alguns montados em cavalos. O capricho e o cuidado com que realizavam suas atividades na oficina de tapeçaria livraram Hertha e Gisi, enquanto estiveram em Plaszow, dos trabalhos pesados no campo.

---

25   Área central dos campos de concentração, onde eram feitas as chamadas de controle e vistorias diárias dos prisioneiros e onde, muitas vezes, eles eram obrigados a permanecer perfilados, durante horas a fio.

26   As Leis de *Nuremberg* puniam os alemães que mantivessem relações sexuais com judias.

Durante esse período, Hertha pôde ver Ari Reissman com uma certa frequência, uma vez que sua mãe também estava no campo e ele, eventualmente, por ter alguns privilégios na fábrica onde trabalhava, vinha até a cerca de arame, às escondidas, para lhe entregar pães. Juntamente com os pães, ele trazia bilhetes e poemas para Hertha, bem dobrados e que podiam ser escondidos na palma da mão. Ela guardava-os embaixo do colchão para relê-los nas semanas em que ele não pudesse vir. Isso a obrigou decorar a maioria deles[27] e, quando não os podia manusear, recitava-os apenas de memória. Com o campo vigiado constantemente, não eram todas as vezes que se podiam ver. Quando um encontro se tornava impossível de ser realizado, a mãe de Ari apanhava os pães e os bilhetes e os trazia para Hertha. Ela os lia várias vezes, tantas quanto fosse possível, depois de retornar do trabalho. Gisi se preocupava com aquilo e, cada vez em que ela ia a encontro de Ari, tentava convencê-la dos perigos que corria.

– Você precisa ter cuidado, Hertha – disse Gisi, certo dia em que eles quase foram descobertos por um guarda, ao anoitecer, junto à cerca de arame farpado. – Com um tiro apenas eles matam vocês dois.

– Sei, sei – concordou Hertha. – Mas faziam tantos dias que não nos podíamos encontrar, Gisi! Sei que é perigoso, mas aqui tudo é perigoso.

---

27 Nota do autor: durante as entrevistas mantidas com Hertha Spier para a confecção deste livro, ela se recordou deste bilhete, escrito em polonês, enviado a ela por Ari Reissman, no campo de Plaszow:

"Jusz jak ludzie duzo dobrego o tobie mowiao tez i ja mam to same zdanie, ktore polega wzupelnosci., na objektywnym spostrzezenia. Masz duzo tego co ínnym brak, smaku besposrednosci i duzo dobrego wrodzonego usposobienia. Gdybys nie miala tych wspomnien, byla bys moze weselsza. ale lubie to uciebie. Lubie charakter. Nat ktorym sie mozna rospisywac. Zawsze twuj,Ari."

"Assim como todos que falam bem de você, eu junto com eles concordo. Você tem tudo que falta aos outros, gosto, desprendimento e muita boa vontade. Se você não tivesse estes predicados, pode ser que também fosse feliz. Mas eu gosto de tudo isto em ti. Amo essa retidão do teu caráter, pois sempre posso contar contigo. Sempre teu, Ari."

Hertha falava e dobrava o bilhete recém-lido para colocá-lo embaixo do colchão, juntamente com os outros:

– Goeth, por exemplo. É uma espécie de roleta-russa ambulante, em carne e osso – disse ela. – A gente nunca sabe o que passa pela cabeça dele. Pode simplesmente olhar para você ou para mim, apontar a arma e atirar, sem qualquer explicação, como já vimos fazer tantas vezes com outras pessoas aqui no campo.

Hertha acabou de guardar o bilhete dentro do forro do colchão, bem escondido, e se virou novamente para a irmã.

– Sei que é perigoso, Gisi. Mas essas cartinhas, esses rápidos encontros junto à cerca de arame, sob o risco de levarmos um tiro a qualquer momento, sem que ninguém possa se compadecer de mim, é o jeito que tenho, agora, de dar algum sentido à vida. São cartas poéticas, gentis, amorosas, e isso é bom, Gisi. Muito bom.

Hertha e Gisi estavam no alojamento, recém haviam pego sua porção de sopa, quando perceberam que uma das mulheres se levantara do chão e olhava para os lados, com discrição, como quem se preparava para fugir. Via-se apenas a sua silhueta contra a parede, no momento em que ela se sentou no estrado e começou a girar lentamente a cabeça, para um lado e para outro. Conferia o movimento e se assegurava de que não estava sendo vista por alguma das Kapos[28] que vigiavam o local. Ergueu-se e se esgueirou entre as outras prisioneiras, sentadas em seus estrados, aproveitando a penumbra para ocultar os vagarosos movimentos em direção à saída. Ao passar por Hertha, que tomava sopa, tocou-a no braço, de leve, para alertá-la de alguma coisa. Era a mãe de Ari e aquela era a senha para acompanhá-la, se quisesse vê-lo através da cerca de arame.

– Ele já devia estar lá – falou ao ouvido de Hertha, pois chegava sempre antes da hora combinada no encontro anterior, para não correr o risco de a mãe ir vê-lo e ele ainda não ter chegado, e terem

---

28 Mulheres que tinham alguns privilégios dentro dos campos de concentração e que faziam a guarda dos alojamentos.

frustrado o plano de se encontrar. Hertha se ergueu, pronta para acompanhar a mãe de Ari, mas foi contida por Gisi, que lhe falou ao ouvido, preocupada:

– Hoje não, Hertha!

– Por quê?

– Eles estão matando por nada!

– Hertha fez que sim com a cabeça e ficou em silêncio.

– Fique aqui – reiterou Gisi, numa tentativa de conter a irmã. – Por favor, Hertha!

– Quero vê-lo.

– Hertha! Você não percebe o perigo que está correndo?

– Claro que sim, Gisi!

– E então!? É perigoso! Eles podem pegá-los.

– Eles podem nos pegar e nos matar... eu sei. Mas alguma coisa aqui tem que valer a pena, Gisi. Essas cartinhas me fazem tão bem, me ajudam a continuar vivendo. Espere outro dia. Não, não. Eu vou agora. Ele já deve estar nos esperando.

– Pense bem, Hertha.

– Sim, Gisi. Era exatamente isso o que eu fazia agora. Pensar em Ari, nas suas cartinhas, nos seus poemas que me deixam tão alegre. São tão bonitos, Gisi.

– Hertha, Hertha – disse Gisi, abraçando-se à irmã. – Papai pediu que eu cuidasse de você. Foi o último pedido dele. Você não lembra?

– Claro, claro. Mas você não estará deixando de cuidar de mim se me deixar ir. Pelo contrário, estará dando sua colaboração para me manter viva.

– Você não sente medo depois de tudo o que temos visto aqui, mortes por nada, eles matam simplesmente por matar?

– Gisi, eu só quero ver o Ari rapidamente. Faz dias que ele não vem.

– Está bem – disse Gisi, se rendendo. – Mas tenha cuidado, por favor!

Gisi ficou em silêncio e não insistiu mais. Espichou-se no colchão, tensa, e fechou os olhos. Antes, porém, observou Hertha e a mãe de Ari esgueirando-se entre os estrados, as respirações contidas, um pequeno rangido da porta que se abria para dar passagem a elas, e nada mais. Depois, acompanharam-na, em sua solidão, apenas as silhuetas quase inertes das prisioneiras tomando sopa, alguma rajada de vento batendo contra o lado de fora da parede, um gemido muito próximo e a esperança de que nenhuma Kapo estivesse circulando por ali no momento de Hertha estar de volta ao alojamento.

Anoitecia e o tempo gasto por Hertha para chegar até a cerca e retornar foi curto. O suficiente para ir ao local, apanhar o bilhete das mãos de Ari e caminhar de volta. No entanto, para quem a estivesse esperando e alimentasse a certeza de que nada poderia fazer se alguma coisa desse errado, o transcurso do tempo teria um andamento oposto, mais lento e arrastado, como num pesadelo de alguém em fuga, de um perseguido que caminha, tenta correr, esforça-se para apressar os passos, chega à exaustão, mas, apesar de tudo, não consegue sair do mesmo lugar. Com a sensação de que cem anos haviam se passado, os olhos agora cravados na direção da entrada da barraca, Gisi vislumbrou o vulto de Hertha trespassando a porta entreaberta e trazendo, a lhe desenhar a sombra, uma fina réstia da claridade azulada que a lua refletia sobre os campos cobertos de neve.

Acostumada a ver no escuro, Hertha percebeu já da porta que a irmã, ansiosa, vinha pronta para lhe dar um abraço. Um abraço que ela, Hertha, também queria, pois retornava feliz, trazia consigo, dentro da roupa, um poema de Ari. Um poema impossível de ser lido antes de chegar o dia, mas estava ali, junto de seu corpo, entre ela e a irmã Gisi que, tão logo a sentiu próxima, pulou para abraçá-la com força. Assim ficaram, silenciosas, enquanto a noite caía e se preparavam para descansar de mais um dia.

– Agora já tenho outro poema – disse Hertha ao ouvido de Gisi, no momento em que se soltavam, gratificadas, para tentarem dormir um pouco, até chegar a hora do trabalho. – Ganhei mais alguns anos de vida, Gisi, tenho certeza.

Gisi abraçou-a novamente e assim ficaram, como outras tantas vezes já haviam feito desde a casa dos Apfelbaum, desde o gueto quando lhe tiraram os pais ou mesmo no campo, até pegarem no sono, juntas, solidárias, dividindo o peso da mesma dor e compartilhando a fragilidade das mesmas esperanças.

Hertha se deitou, mas o sono demorava a chegar. De costas, segurava nas mãos o poema de Ari, imaginando o que estaria escrito. Naquele final de tarde e início de noite não fora difícil ir até a cerca se encontrar com ele. Não caía mais neve, havia lua, mas a atenção dos guardas estava toda voltada para o valo da pedreira, onde uma centena de prisioneiros trabalhava, desde o fim da tarde, para retirar o gelo acumulado. Pouco depois de se deitar, Hertha percebeu que o movimento no local havia sido interrompido. Os homens já deviam ter acabado o trabalho e voltado para seus alojamentos. O sono não vinha, mas ela também não fazia qualquer esforço para dormir. Continuava com o poema entre as mãos, os olhos abertos e parados no teto, até que percebeu um grande clarão entrando pelas frestas da parede e das janelas. A seguir ouviu o motor de um caminhão se aproximando. O barulho cessou e a impressão era de que estacionara junto ao valo. Quando o vento amainava, podiam-se ouvir vozes vindas do local. Até que ecoou o primeiro estampido de um fuzil. Hertha chamou Gisi. Outras mulheres, atentas ao movimento no lado de fora, também ouviram a sucessão de tiros. Levantaram-se e olharam por uma fresta da janela, sem fazer barulho, e um jato de vento gelado lhes bateu no rosto. De onde estavam podiam ver, na margem do valo, contra o clarão vermelho de combustível e lenha queimando ao fundo, a silhueta dos homens que eram executados a tiros e, pelo impacto, já caíam direto sobre o calor das labaredas. Hertha e Gisi voltaram para as suas camas e, por um longo tempo, ainda ouviram o barulho dos tiros, na proporção de um para cada condenado, a alterar a rotina da noite. Amanhecia quando soaram no ar os últimos estampidos dos fuzis. Nesse momento, trazido pelo vento, o cheiro de carne queimada já sufocava a densa atmosfera do alojamento. Hertha e Gisi não dormiram. Ficaram juntas, próximas uma da outra, até chegar a hora de se levantarem para ir ao Appellplatz, ao controle de chamada, e depois começarem a trabalhar.

Passadas algumas semanas desse encontro junto à cerca, ocorrido na noite em que as prisioneiras viram homens sendo mortos e jogados no fogo, Ari deixou de vir ao campo trazer pães para a mãe e bilhetes e poemas para Hertha. Souberam mais tarde, depois de muitas esperas frustradas, que ele fora transferido para outra fábrica. A partir de então, ficaram para Hertha apenas os bilhetes e os poemas, aos quais ela se apegou tanto quanto ao seu álbum de recortes de jornais e às fotos da família.

Numa noite, meses depois do desaparecimento de Ari, chegou a notícia de que, na manhã seguinte, seria feita uma batida no alojamento, como já havia ocorrido outras vezes, mais com o intuito de intimidar do que com a finalidade de encontrar algo concreto que as mulheres pudessem estar escondendo. Preocupada, Hertha apanhou todos os bilhetes e os colocou dentro da roupa. No dia seguinte, para não andar com eles consigo, guardou-os sob a forração de um sofá que estava na oficina onde trabalhava.

Realmente, naquele dia houve uma batida no alojamento e os bilhetes foram salvos. No dia seguinte, porém, quando chegou ao trabalho, Hertha percebeu que o sofá, levado à oficina apenas para conserto, havia sido retirado do local. Ela se agarrou a Gisi e começou a chorar. A irmã repreendeu-a ao mesmo tempo em que a protegia com o corpo, postando-se à sua frente, para evitar expô-la aos prantos. Não restava mais nenhuma esperança, Hertha sabia disso.

Talvez pudesse encontrar o sofá em outro local, mas concluiu ser impossível, pois era um tipo de móvel utilizado apenas na parte do campo reservada aos oficiais, onde ela jamais iria.

– Perdi minhas cartinhas, Gisi! – disse Hertha, quase ao ouvido da irmã.

– Nós já perdemos muito mais coisas, Hertha. Amanhã você recebe outras...

– Não, não! Ari não volta mais, foi transferido para outro lugar. Acho que nunca mais, Gisi! Eram as minhas cartinhas que me ajudavam a levar a vida, a desviar o pensamento para uma direção menos triste. E agora, Gisi?

– Continue pensando nos bilhetes, Hertha... O pensamento também nos leva a lugares distantes e bonitos. Você os sabe todos quase de memória, não é mesmo? Faça isso, releia-os de cabeça que vai ser bom também.

Nesse momento, elas foram interrompidas por uma das Kapos que fazia a guarda da oficina. Sobressaltadas, levantaram os rostos e viram dois SS, logo atrás. Por terem, de alguma forma, colaborado com os alemães, as Kapos tinham alguns privilégios dentro dos campos, entre eles o de exercer a guarda dos alojamentos e dos locais de trabalho. A Kapo ordenou, então, que Hertha e Gisi, juntamente com as outras mulheres, se dirigissem, imediatamente, ao Appellplatz. Essas chamadas fora de hora não eram rotineiras e, quando aconteciam, indicavam que algo grave estava para acontecer.

Os trabalhos foram interrompidos e ao cabo de poucos segundos todas se perfilaram, prontas para serem conduzidas ao local da chamada. Ao saírem à porta, puderam ver que, naquele momento, todos os prisioneiros do campo convergiam para o mesmo lugar, reunidos em vários grupos, vindos dos mais diversos pontos, todos escoltados por guardas e cães.

Assim que contornaram o prédio da oficina, Hertha e Gisi avistaram, ao centro da multidão já reunida no Appellplatz, bem ao alto, a silhueta de dois cadafalsos e, em cada um eles, balançadas pelo vento, duas cordas com nós de forca, prontas para serem usadas.

Hertha, que vinha bem à frente da fila, ao lado de Gisi, começou a tremer. Estava frio, nevava desde a manhã, e ela, discretamente, segurou a mão gelada da irmã, na ponta dos dedos, e a apertou o máximo que pôde.

– Gisi! Eles vão nos enforcar!

– Não, não, Hertha!

– Sim, Gisi! Eles descobriram as minhas cartinhas no sofá! Chegou a minha vez, Gisi!

– Não pense bobagens, Hertha! Não chegou a hora, não! Nós vamos sair vivas daqui, isto sim! Bote isso na tua cabeça. Temos que pensar sempre na vida, não na morte.

– Como você sabe, Gisi, que aquelas duas forcas não são para nós?

Gisi apertou a mão de Hertha e depois a soltou, mas sem se virar para ela. Olhava para frente, a cabeça erguida, em direção ao local onde se reuniam, silenciosos e lentos, os outros habitantes do campo.

–E agora nos calemos – disse Gisi, com autoridade.

Se nos virem conversando, aí sim, aqueles nós de forca poderão ser usados nos nossos pescoços.

O trecho até o Appellplatz não era pequeno e, à medida que seguiam em frente, outros grupos vinham se juntar às mulheres da oficina. Todos, porém, caminhavam de forma ordenada, em filas, sem que um grupo se misturasse ao outro.

Flocos de neve pairavam no ar, redemoinhavam, às vezes, agitados por fortes rajadas de vento. Nos ouvidos, a cortar o silêncio da multidão fragmentada, o assovio terrível que arrancava a intermitente ventania dos obstáculos espalhados diante de sua passagem pelo campo. Era um som que se expandia, às rajadas, tão logo o vento, veloz, arranhava-se entre as voltas e pontas da cerca de arame farpado, sobre a paisagem acinzentada e melancólica do inverno. Ao alto, contra a luz branca refletida pelos campos cobertos de neve, a silhueta dos cadafalsos de madeira verde. Os dois laços de corda eram jogados, com força, para um lado e para outro a cada reinício da ventania, como se prendessem e balançassem juntos dois corpos invisíveis e sem vida.

Aos poucos, os prisioneiros de Plaszow iam chegando e se postando no entorno do cadafalso recém-construído. Eram homens e mulheres apáticos, sonâmbulos, de olhar em linha reta, olhar que tinha apenas um nascedouro, pois não havia para eles um destino que se pudesse identificar. Estavam ali, multiplicados por milhares, os olhos de Amalie, mãe de Hertha e de Gisi, que, nos últimos meses de vida, no gueto, não encontravam, mesmo entre as quatro paredes do seu quarto, um lugar onde pudessem descansar a dor da consciência ultrajada.

Hertha e Gisi ficaram bem à frente, junto com as outras mulheres da oficina. Aos poucos o movimento cessou, ninguém mais transitava pelas ruelas do campo. Apenas o latido de um cão, vez que outra, integrava-se ao ambiente de gelo, de ventos e de medos pesando sobre o silêncio da multidão. Dali, dentre eles, sairiam os dois corpos que, horas depois, estariam balançando no cadafalso, cobertos de neve, sob a força e o uivo intermitente da ventania.

Os minutos passavam, os cães latiam, inquietos, e nada acontecia, além do frio dos pés, das mãos, do rosto, que doía nos nervos e nos ossos. A espera fazia parte do ritual. Quanto mais esperassem, mais tempo teriam para sentir medo. E quanto maior fosse o tempo de medos e de angústias, mais atingidos seriam eles nas suas resistências. Essa era a regra. A espera em situações de medo e tensões também era uma forma de torturar, amedrontar, destruir a autoestima e apagar referências.

Transcorreu mais de uma hora e, enfim, ouviu-se o som de passos se aproximando. Junto a Hertha e Gisi, bem à frente, passava o comandante do campo, Amon Goeth, acompanhado de outros oficiais. Subiram ao tablado central, de onde, todas as manhãs, era feita a chamada de controle antes de os prisioneiros irem para o trabalho e se posicionaram diante da multidão quieta e subjugada. Nenhum prisioneiro ousou levantar os olhos diante da passagem de Goeth e só o fizeram quando este, um megafone em punho, anunciou o que todos ali já sabiam: seriam executados dois prisioneiros julgados por subversão. Os dois haviam sido flagrados, naquele mesmo dia, assoviando canções políticas consideradas contrárias ao governo e, por isso, tinham sido condenados à morte.

A seguir, um dos oficiais que acompanhavam o comandante, apanhou o megafone e leu numa folha de papel os nomes de quatro pessoas. Pediu a seguir que elas se posicionassem bem à frente, ao pé do cadafalso, onde seriam feitas as execuções. A multidão foi se abrindo, lenta e cordata, para dar passagem aos quatro, dois homens e duas mulheres, que, os olhos no chão, cambaleantes, foram surgindo de pontos diferentes até se juntarem no lugar ordenado.

O próximo passo foi conduzir os dois condenados à vista de todos. Aqueles que os conheciam de algum lugar do campo entenderam, então, por que a ordem para os dois casais se postarem ao pé do cadafalso. Eram os pais que seriam obrigados a assistir à execução dos respectivos filhos, dois garotos, um com 12 e o outro com 13 anos de idade, executados imediatamente, agora sem esperas. Tudo foi feito de forma muito rápida para que, do contraste entre a banalidade da ação e o terror contido no ato, fosse extraído o material necessário para tornar a imagem da morte algo banal e indelével dentro de cada um; capaz de sufocar neles qualquer tentativa de olhar para frente, para fora da cerca de arame, e fazê-los entender que uma vida, duas, três, ou todas as que ali estavam, não tinham qualquer valor diante da insanidade da guerra.

Em frente aos pais dos dois condenados, postaram-se guardas que os olhavam no rosto, direto, firme, para conferir se tinham os olhos bem abertos e não tentavam fechá-los naquele que poderia ser um último recurso para abreviar o sofrimento dos filhos. Hertha, Gisi, as centenas de homens e mulheres assistiram à execução como se fossem uma pessoa única. Ninguém, dos mais próximos aos mais distantes, teve a prerrogativa de fechar os olhos para evitar a cena ou expressou alguma emoção diante da agonia dos dois. Até serem mandados de volta aos seus locais de trabalho e desde que o chão foi tirado dos pés dos condenados e eles se debateram enquanto morriam, não se viu movimento algum entre os prisioneiros. Só depois, quando foi dada a ordem para retornar ao trabalho, é que a multidão começou a se desintegrar, ordenada e em silêncio.

Enquanto caminhavam de volta para o trabalho na oficina, buscando se desviar da imagem dos enforcamentos, Hertha ia relendo, mentalmente, todos os bilhetes e poemas que Ari lhe havia dedicado desde o seu primeiro encontro, ainda no gueto, quando ele desceu ao apartamento onde moravam trazendo uma garrafa de vinho. Mas havia um, escrito em alemão, que era o seu preferido e, por isso, relembrado bem mais que os outros:

"Was auch sein mag, Zeit und Enifemung, mit allen Mitteln werden wir uns bemühen weiter in Fühlung zu bleiben.

Denk an mich Hertusch, denn ich werde an dich auch nie vergessen, denn es gebühr dir heisses und aufrichtigen gefühl.

Deinen für immer,

Ari"[29]

À noite, na barraca, Hertha pouco dormiu. Recordar os poemas, um por um, foi uma atividade mental que a ajudou a transpor

---

29   Nota do autor: este bilhete também foi referido de memória por Hertha Spier, durante nossas entrevistas para a confecção do livro: "Não importa o que aconteça, o tempo e a distância, por todos os meios envidaremos esforços para ficar em contato. Pensa em mim *Hertusch*, pois também nunca te esquecerei, já que tenho por ti um sentimento muito caloroso e sincero.Teu para sempre, Ari".

o espaço de tempo que a separava do início de mais um dia de costuras na tapeçaria. Lá, onde podia se ocupar com o trabalho e, dessa forma, não sentir o tempo passando tão devagar.

Naquela noite Hertha chorou muito por causa dos bilhetes de Ari. Gisi dormia ao seu lado e, vez por outra, ela acariciava o rosto da irmã. Percebia o quanto havia mudado, estava magra e envelhecida, não era mais a mesma pessoa alegre e saudável dos tempos da chapelaria de Bielitz. Hertha fechava os olhos, na tentativa de encontrar o sono, mas sua mente estava alerta, não conseguia se libertar do pensamento que a atormentava, os bilhetes e poemas perdidos dentro do sofá da tapeçaria. Sua esperança era reencontrar Ari um dia, em algum lugar, para ter a oportunidade de lhe pedir mais um poema que fosse e assim ter à mão algo palpável, onde pousar os olhos nos dias de saudade. Até que, de repente, começou a ouvir barulho de vozes e de passos no lado de fora da barraca. Não demorou e o burburinho aumentou, as prisioneiras foram se acordando, assustadas, sem saber o que estava acontecendo. Perceberam, então, o movimento de soldados andando de um lado a outro, e, antes mesmo de o dia nascer, ouviu-se, no alto falante, a ordem para se reunirem no Appellplatz, imediatamente, dentro de cinco minutos. Às pressas, juntamente com as outras mulheres, apenas com a roupa do corpo, Hertha e Gisi correram para o local determinado. Enquanto era feito o controle de chamada, as mulheres iam sendo separadas em grupos diferentes, até que, em filas de cinco, emparelhadas lado a lado, receberam a ordem para caminhar em direção à estação de trens.

EMBARQUE DE HERTHA PARA O BRASIL (08/10/1946)

Embarque no navio Christover, Götemburg, Suécia, despedindo-se da amiga Lola Amsterdam.

Hertha a bordo do Christover.

O navio Christover.

Hertha.

Hertha (primeira à esquerda, em pé).

**SUÉCIA
1946**

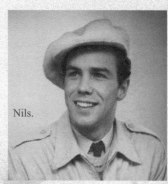

Nils.

Hertha e Kaisa.

Genia.

Kaisa.

Hertha e a amiga Lola.

Bielitizer Stat - Theater, onde Hertha dançava antes da guerra.

Numa apresentação, na Suécia,
durante o período em que se recuperava.

Suas esculturas em bronze tendo
a dança como motivo.

HERTHA JAMAIS ESQUECEU A ARTE DA DANÇA

Escultura em bronze.
Os 4 irmãos.

Óleo sobre tela.

Cartão de *Rosh Hashana* impresso pela
organização *B'nai B'rith*, São Paulo,
para venda filantrópica
no período de festas judaicas.

Retalho de pano em que Hertha escondeu as fotos recortadas.

Mãe.

Pai.

FOTOS QUE HERTHA SPIER CARREGOU NOS CAMPOS DE CONCENTRAÇÃO POR ONDE PASSOU

Gisi com amigos e Max.

Os pais Amalie e Moritz.

Gisi e Fred.

Max.

Max com amigos.

Max e a namorada.

Max com amigos.

Max e Gisi (ao centro).

Hertha e o marido Sigi com os filhos Mario e Lúcio.

Mario, Hertha e Lúcio (1953).

Sigi (1947).

HERTHA E A FAMÍLIA EM PORTO ALEGRE

Sigi, Lúcio, Mario e Hertha.

Casamento de Hertha e Sigi (Rio de Janeiro, 1948).

Jenny e Max, ao fundo, Jetti e Gisi, e Hertha, à frente (Bielitz, 1922).

Moritz entre os filhos Max e Gisi (Bielitz, 1922).

Hertha aos 4 anos (Bielitz, 1922).

Família no casamento de Gisi e Fred (Bielitz, 1939).

Max (Bielitz, 1922).

Jetti (Bielitz, 1922).

Gisi (Bielitz, 1922).

Tatuagem feita em Auschwitz, no braço esquerdo de Hertha.

FOTOS SOBRE ACONTECIMENTOS NA VIDA DE HERTA OCORRIDOS APÓS A PUBLICAÇÃO DO LIVRO.

Foto da família Taranger, na qual Hertha aparece com Gunilla, a bordo do Christover, na viagem para o Brasil.

Capa da revista sueca que possibilitou o reencontro entre Hertha e Kaisa.

Hertha em seu apartamento em Porto Alegre, com Gunilla, 54 anos depois.

Capa da segunda reportagem.

Hertha vill gärna komma i kontakt med kamraterna hon hade i Sverige.

Hertha Gruber år 1946.

HERTHA MINNS SITT LYCKLIGA ÅR I SVERIGE:

Var finns den stilige Nils som bjöd ut mig på dans?

Utmärglad och sjuk kom Hertha efter kriget till Sverige. Hela hennes familj hade utplånats av nazisterna. Ett år tillbringade Hertha i Sverige innan hon utvandrade till Brasilien. Men hon glömmer aldrig Nils, som liknade Tyrone Power och som bjöd ut henne på dans i Karlstad.

Text: JAN-OLOF JONSSON
Bild: JAN-OLOF JONSSON och privata

Hertha Spier rodnar när hon berättar. Snart 60 år har gått sedan tiden i Karlstad och Alingsås, men minnena är kristallklara. Främst minnet av Nisse. Den stilige Nils, som tog med henne på promenader och dans.
– Han var en riktig snygging, säger Hertha, och rodnar ännu mer.
– Såg ut som Tyrone Power, lägger hon till med ett skratt.
Hertha bor i en vackert möblerad lägenhet på tionde våningen i ett höghus i Brasilien. Utanför de stora fönstren brer miljonstaden Porto Alegre ut sig.
Hertha själv har hunnit bli 85 år.

– Vi tappade kontakten när jag flyttade hit, säger hon och ögonen blir sorgsna.
– Nils är också en bit över 80 år i dag, om han lever. Jag träffade också en svensk flicka som hette Kaisa. Tänk om de minns mig, Nils och Kaisa...
Hertha hette Gruber i efternamn när Nils tog med henne ut, fick henne att skratta och för en stund glömma de svarta minnena. Minnen hon aldrig kunnat göra sig kvitt. Hon behöver bara titta på sin arm för att bli påmind. Där står A21646.
– Det tatuerades på min arm när jag kom till koncentrationslägret Plaszow.
– Lägret där fabrikören Oskar Schindler lyckades rädda så många, förtydligar hon. Det som beskrivs i filmen Schindlers List.

En lycklig familj

Hertha växte upp i den polska staden Bielsko-Biala. Pappa Moritz var affärsman och mamma Amalie var hemma med Hertha och de fyra andra barnen. Det var en lycklig familj. Hertha hade konstnärliga anlag, målade och dansade. Orientalisk dans älskade hon och hon fick till och med visa upp sina färdigheter på stadsteaterns stora scen. Livet var ett stort äventyr, trots att orosmolnen hopade sig över Europa. 1939 kom kriget och tyskarna. Den judiska familjen Gruber förvisades till gettot i Krakow, och liksom andra judar fick de sy på den gula stjärnan på sina kläder. Kanske skulle tyskarna nöja sig med det, trodde man.
Men den 13 mars 1943 tågade SS-trupperna in. Gettot tömdes och alla fördes till koncentrationslägret Plaszow.
– Senare transporterades vi till Auschwitz. Där stod doktor Josef Mengele och väntade på oss. Han pekade på oss en och en. "Höger", sa han och pekade på en person

Primeira reportagem.

Den stilige Nils.

Väninnan Kaisa.

Utsikten från Herthas hem i miljonstaden Porto Alegre i Brasilien.

Hertha dansar runt i den svenska snön.

före mig. "Vänster", sa han när jag kom fram.
Hertha visste inte då att vänster betydde livet, medan höger betydde gaskammaren direkt.
Hennes hår rakades av.
– Men sitter huvudet kvar växer håret ut, skämtade vi med varandra.
Nu hade krigslyckan vänt för tyskarna. När ryssarna ryckte närmare evakuerades Hertha och andra fångar till koncentrationslägret Bergen-Belsen.

Kom till Sverige

Den 15 april 1945 kom friheten när brittiska soldater öppnade lägergrindarna

KÄNNER DU IGEN DIG?

Hertha Spier vill så gärna veta vad som hänt hennes kamrater i Sverige från 1945 och 1946. Kaisa, eller kanske hon stavar namnet Kajsa, har Hertha inget efternamn på. Nils heter Schullström eller något snarlikt i efternamn. Skriv och berätta, adressen är: Allers, Jan-Olof Jonsson, 251 85 Helsingborg. Eller ring på tel 042-17 36 67. Vi vidarebefordrar din hälsning till Hertha.

– Jag fick komma till Sverige, till himmelriket, säger Hertha.
Hertha blir rörd när hon berättar om mottagandet.
– Första anhalten var Malmö. Alla var så vänliga. Jag var nästan bara ett skelett och läkarna såg till att jag sakta men säkert vande mig vid att äta riktig mat. De gjorde inte som engelsmännen, som i sin välvilja serverade lägerfångarna bastanta måltider som de inte tålde. Det var till och med folk som dog när de äntligen fick äta.
– Vi fick bland annat matjessill, säger hon. Gudomligt gott.
Under lägeråren hade Hertha liksom många andra fångar drabbats av tuberkulos. Därför fick hon komma till sanatoriet i Karlstad.
– Det var i Karlstad jag träffade Nils.
Hon skrattar till och berättar om den gången Nils tog med henne ut på Vänerns is sedan de varit på tedans tillsammans.
– Jag vågade knappt gå ut på isen, men Nils övertygade mig om att isen skulle hålla. Det var en härlig upplevelse, en känsla av frihet.
– Han var så romantisk, lägger hon till och blundar.
– Men det var ingen sex, absolut inte, säger hon i nästa sekund och nu är blicken sträng.
Sonen Lúcio, som sitter med, vrider sig lite besvärat trots att han är van vid det mesta eftersom han är psykiater och överläkare på ett av stans stora sjukhus.
Tuberkulosen gick tillbaka och Hertha kom till ett vilohem i Alingsås där hon kunde återhämta krafterna helt.

Utvandrade till Brasilien

Den politiska kartan i Europa hade ritats om efter kriget. Herthas föräldrar hade dött i koncentrationslägret liksom hennes bror och tre systrar. Hon hade inget att återvända till, ingenstans att ta vägen. Men hon hade en väninna som fått en fristad i Brasilien. Hertha fick hjälp att kontakta väninnan och i oktober 1946 kunde hon gå ombord på S/S Christoffer i Göteborg för att även hon utvandra till Brasilien.
– Här gifte jag mig, fick två barn och ett bra liv, säger hon.
Hertha har under åren i Brasilien åkt runt i skolor och berättat om fasorna i koncentrationslägren men också om drömlandet Sverige. Dessutom har hon skrivit en bok om sitt liv, en bok där hon fortsatte på den konstnärliga banan vittnar alla konstverk i lägenheten om. Rader av oljemålningar och bronsstatyetter bär hennes signatur.
– Jag hoppas att Nils och Kaisa läser det du skriver, säger Hertha. Så att vi kanske får kontakt igen. Jag skulle så gärna vilja åka till Sverige och hälsa på dem.
Hertha bjuder omkring ett fat med små sandwichar.
– Ta den där med fisk på. Den smakar nästan som svensk sill. Jättegod.
Avskedskramen blir lång. Som om hon inte vill bryta bandet med Sverige. Landet som välkomnade henne med öppna armar och gav henne livsgnistan åter.
– Jag har förstått att det inte är lika lätt för flyktingar som kommer till Sverige i dag, säger hon. ■

Tänk att jag fick återse Kaisa
– MIN FÖRSTA VÄN I SVERIGE

Mitt i natten kom tåget till Charlottenberg och Kaisa rusar Hertha till mötes.

O reencontro de Hertha e Kaisa em uma estação de trens.

I julnumret 2003 berättade vi om Hertha Spier i Porto Alegre i Brasilien och hennes önskan att återknyta kontakterna med de ungdomar hon mötte i Karlstad efter andra världskriget. Samma dag som tidningen kom ut hörde flera läsare av sig. Och nu har Hertha och hennes två söner Mario och Lucio besökt Sverige som gäster hos ungdomsvännen Kaisa Person.

Text och bild: JAN-OLOF JONSSON

NÄR ALLERS GRIPER IN...

Plötsligt känner Hertha Spier igen byggnaden vi kör förbi i Karlstad och hennes ögon blir blanka av tårar. Rösten stockar sig när hon säger:

– Här utanför stod jag och väntade på honom, på den käre Nils.

För Hertha Spier har det varit många omtumlande upplevelser de senaste två veckorna. Många svårläkta sår har rivits upp, många sorgsna minnen har väckts till liv igen. Besöket i Värmland är den glada och ljusa avslutningen på resan, mötet med väninnan Kaisa som Hertha inte sett sedan 1946. Men minnet av Nils smärtar, han finns ju inte längre i livet.

Det var i Allers julnummer vi berättade om Hertha Spier i Porto Alegre i Brasilien och hennes önskan att återknyta kontakten med de ungdomar hon mötte i Karlstad efter andra världskriget.

Till Karlstad hade Hertha kommit från det tyska koncentrationslägret Bergen-Belsen. Hon hade tbc och var svårt utmärglad.

– Jag vägde bara 28 kg. Förstår du hur mager jag var, säger hon.

Mat och omvårdnad på sanatoriet i Karlstad gjorde att Hertha återfick hälsan och de kroppsliga krafterna. Men det var Kaisa Person, som blev som en bästa väninna, och Nils Schullström, som bjöd ut henne på dans och bio, som såg till att Hertha också återfick livslusten efter allt hemskt hon genomlidit.

Det var därför hon nu genom Allers sökte efter Kaisa och Nils.

– Det ringde fem personer samma dag som tidningen kom ut och sa att en dam i Brasilien efterlyste mig, berättar Kaisa.

Så var kontakten återknuten och Herthas söner Mario och Lucio bestämde genast att ta med sin mor till Europa, och till Karlstad. Tidigare ville inte Hertha åka till det Europa hon lämnade bakom sig 1946, men nu väntade ju också ljusa minnen på att väckas till liv – minnen hon delade med Kaisa.

Solen skiner från en klarblå himmel när vi svänger upp mot grindarna till Mariebergsskogen där Hertha gick ut och dansade. På Mariebergsviken ligger isen tjock.

Gick över isen

– Vi gick över isen hit, Nils och jag, minns Hertha sedan Kaisa visat henne runt. Det är inte lätt att känna igen sig.

Den gången för snart 60 år sedan var Hertha livrädd för att ge sig ut på isen men lät sig övertalas av sin kavaljer. När Lucio vill göra samma sak vaknar mamman i Hertha.

– Kom tillbaka, ropar hon efter sonen som är 52 år och överläkare på en psykiatrisk klinik.

Mario, som är 54 år och läkare även han men med plastikkirurgi som specialitet, skrattar. Det var ju sönerna som skulle ta hand om sin mor, inte tvärtom.

Två dagar har de varit i Värmland som gäster hemma hos Kaisa Persson i Charlottenberg.

– Det kändes som att komma hem till en gammal bekant, säger Mario. Mamma berättade så ofta om Kaisa när Lucio och jag var små, så vi kände ju henne väl innan vi kom hit.

I morgon ska Mario och Lucio ta tåget till Oslo och Bergen.

– Då ska Hertha och jag sitta och prata gamla minnen, säger Kaisa.

– Det gjorde vi också hela första natten hon var här, tåget kom till Charlottenberg strax före midnatt.

Då hade Hertha och sönerna varit på väg genom Europa i två veckor.

– Vi gjorde samma resa som mamma gjorde från sin hemstad Bielsko-Biala i Polen och hit till Karlstad, berättar Mario och hans ögon blir allvarliga.

Men den gången tog resan flera år, år av lidande och död.

De var sju personer som bröt upp från **Forts på nästa sida**

Klara-Lovisa Tallberg som går i klass 5B på Herrhagsskolan lyssnar intresserat när Kaisa berättar om Hertha och de andra lägerfångarna som bodde på skolan.

No portão do hospital onde Hertha e Kaisa se conheceram.

"Tack vare Allers har vi funnit våra rötter"

Herthas söner, Mario (tv) och Lucio följde med på resan.
– Vi vill tacka Allers som hjälpt oss finna våra rötter säger de.

Forts från föreg sida
Bielsko-Biala. Men bara en som kom fram till Sverige.
– Mammas föräldrar och hennes fyra syskon dog alla i koncentrationslägren, säger Mario.
Hertha sitter tyst i begrundan. Det har hänt så mycket de senaste två veckorna. Hon har inte hunnit bearbeta alla upplevelser än. Men så säger hon:
– Det var sorgligt, mycket sorgligt.

Känner inget hat

Men Hertha känner inget hat mot dem som gjorde henne och hennes familj så illa. Det som hänt har hänt, konstaterar hon. Bara sorgen finns kvar.
Mario fortsätter:
– Vi åkte först till Bielsko-Biala, där mamma och hennes familj bodde. Vi blev mottagna av borgmästaren och mamma fick sitta i samma loge på teatern som hennes föräldrar abonnerade.
– Det var teatern där jag dansade, inflikar Hertha. Dansen var mitt liv när jag var ung.

I Herrhagsskolan var sanatoriet inrymt.
Hertha vägde bara 28 kg när hon kom dit.

Största upplevelsen var emellertid att Hertha lyckades finna sin födelseattest i stadens arkiv. De återfann också Herthas farfars grav.
Därefter besökte de Krakow dit familjen fördes för att spärras in i gettot.
– I arkivet där fanns morfars, mormors och alla syskonens handlingar. Tyskarna hade noggrant bokfört varje jude som fördes till gettot, handlingar med bild och namnteckning, berättar Mario.
Morfadern och mormodern, som Lucio och Mario bara hört berättas om, såg sina barnbarn rakt i ögonen från de gulnade fotografierna.
Sedan fortsatte de till koncentrationslägret Plaszow och vidare till Auschwitz där Hertha såg sina närmaste för sista gången.
I Auschwitz blev Hertha intervjuad av musicipersonalen om sina upplevelser. Naturligtvis kändes det befriande att berätta för någon som vet hur det verkligen var, men också svårt.
Och även där blev det ett möte med det förgångna. I arkivet fanns Herthas broder Max' handlingar bevarade.
– Från Auschwitz åkte vi vidare till Bergen-Belsen, det sista koncentrationslägret mamma satt i innan lägerfångarna befriades av brittiska soldater, fortsätter Mario.
Hertha fördes från Bergen-Belsen via Berlin till Malmö och vidare till Karlstad där hon las in på sanatorium.
– Vi tog ett foto på mamma framför Brandenburger Tor, segermonumentet i Berlin, berättar Mario. Nazisterna hade tagit mammas familj ifrån henne förra gången hon var i Berlin. Nu stod hon där med sin nya familj, som en segrare.

Gör stora ögon

Glada barnskrik hörs från Herrhagsskolan. Det var där sanatoriet i Karlstad var inrymt.
– Det var ju sommar och skollov när alla de forna fångarna kom, minns Kaisa.
– Titta här, säger hon och tar Hertha under armen. Här vid grinden stod vi och pratade med varandra. Kommer du ihåg?
Strax har några elever på rast kommit fram och undrat vad de två damerna gör där. Ögonen blir stora när Kaisa berättar om sommaren 1945, om de frisläppta koncentrationslägerfångarna, om Hertha och hennes öde.
Hertha vill inte gå in i skolan där hon och de andra från koncentrationslägren vårdades. Karlstad ska bara vara ljusa minnen. Å andra sidan finns inget kvar i skolan från tiden när hon bodde där. Bara utsidan är sig lik.

En vacker stad

– Karlstad är en vacker stad, konstaterar Hertha. Men det är inte så mycket jag känner igen längre.
Bilköer, rondeller, trafikljus och varuhuskomplex var okända begrepp i Karlstad 1946 när Hertha lämnade Sverige för att ensam, som den enda överlevande i familjen, söka sig en ny framtid på andra sidan Atlanten, i Brasilien.
– Men jag har alltid burit med mig minnena härifrån Karlstad. De ljusaste minnena från min ungdom, säger Hertha och skrattar till. Ännu ett minne kommer upp till ytan:
– Vet du att när jag och Nils dansade med varandra tittade folk på oss. Jag trodde att de tittade på numret tyskarna tatuerat in i min arm, men det var ju naturligtvis Nils de slängde beundrande blickar efter. Det förstår jag nu.
För familjen Spier har det blivit några oförglömliga dagar i Värmland. Solen har varit ständig följeslagare. Kaisa hade satt samman ett digert program med möten med brasilianare, utflykter i Värmland och till Norge. En kväll kom också Kaisas son Erik med familj för att träffa Hertha och hennes söner. Mario och Lucio fick prova på att åka skidor och gav sig även utför pisterna på Valfjället – i bampulka. Flera nätter var Lucio ute och promenerade. Han skyllde på att han inte kunde sova på grund av fullmånen. Men det var snarare den exotiska upplevelsen att vandra i ett snötäckt landskap upplyst av månen som lockade.
Lucio kramar om till avsked. Han vill knappt släppa greppet och hans ögon är allvarligt blanka när han säger:
– Det är tack vare Allers Mario och jag funnit våra rötter. Utan reportaget om mamma hade vi inte funnit Kaisa. Och mamma hade inte gjort den här resan, inte visat oss platsen där hon växte upp, inte pekat ut morfars fars grav, inte lotsat oss runt i Krakows forna getto och i koncentrationslägren om hon inte samtidigt fått möta sin väninna Kaisa som gjorde så mycket för henne. För mamma har cirkeln slutits i livet.
– Skriv det, att Mario och jag vill framföra ett officiellt tack i Allers. Lova det, säger han med eftertryck.
Psykiatern som har som jobb att hjälpa människor att hantera sina känslor har svårt att styra sina egna i avskedets stund. ■

Reportagem sobre a viagem de Hertha com os filhos Mario e Lúcio.

Com os filhos, no portão do campo de Auschwitz.

Hertha e um dos filhos em frente ao Bielitzer Stadt-Teather.

No Museu do Gueto de Cracóvia.

No campo de Bergen Belsen.

Hertha diante de uma das prateleiras em que 8 prisioneiras, deitadas lado a lado, dividiam o espaço para dormir.

Entrada de Auschwitz-Birkenau.

Encontro com Kaisa em fevereiro de 2004.

Hertha, recebida carinhosamente na residência da amiga Kaisa.

4 AUSCHWITZ E BERGEN-BELSEN

Hertha diria depois que aquele fora seu passaporte para a vida, mas ali, naquele momento, não exultou a sorte. Atrás de si vinha Gisi, e o destino dela era intrínseco ao seu, pois se o destino da irmã fosse a morte, teria preferido a outra fila, a da direita, a da câmara de gás, o forno crematório, para não ter que seguir só por um caminho desconhecido e incerto. Hertha não se apressou, retardou o que pôde os próximos passos em direção à fila que a esperava um pouco adiante. A voz que antes se repetia exaustivamente quase sem intervalos, agora, parecia tomada de um mutismo abissal e inexplicável. Até que, finalmente, a ouviu mais uma vez, como esperava, uma última e derradeira vez.

Depois de uma caminhada sobre a neve, junto a centenas de outras mulheres de Plaszow, Hertha acabava de ser empurrada para dentro de um trem de carga, já sem esperanças de reencontrar a irmã Gisi, de quem fora separada assim que saíram do alojamento e se reuniram no Appellplatz, para onde haviam sido chamadas minutos antes. As mulheres espremiam-se no lado de fora, prontas para embarcar em outro trem, estacionado atrás, que aguardava sua vez de encostar na plataforma. Vários grupos ainda se aproximavam, vigiados por guardas e cães. No vagão, utilizado para o transporte de gado, não havia mais espaço. As mulheres, umas contra as outras, em pé, só esperavam a porta de ferro ser fechada para partir. Gisi se separara de Hertha ainda no Appellplatz, quando as prisioneiras do campo foram reunidas, de madrugada. Era certo que não estava no mesmo vagão, pois, no momento da chamada, ficaram em grupos diferentes.

Hertha tentava erguer a cabeça em direção à porta, mas a visão lhe era cortada pelas outras mulheres. O ar não circulava, a densidade da atmosfera quase as privava de oxigênio e, apesar do frio e da neve no lado de fora, todas tinham o rosto molhado de suor. Da plataforma, ouvia-se o som de mais gente chegando, os cães estavam agitados, os guardas gritavam para os prisioneiros se apressarem, enquanto o ruído de ferros batendo e a aceleração do motor da locomotiva indicavam a partida do trem a qualquer momento. Mas a porta ainda não fora fechada e era nessa direção que Hertha tentava olhar, na ponta dos pés, aflita, já perdendo as esperanças de pelo menos rever Gisi e lhe acenar para dizer adeus. Quem estava no centro e no fundo do vagão nada podia enxergar, era possível somente ouvir o som vindo da plataforma, a voz alternada dos guardas, o ruído de ferros e o motor da locomotiva sendo acelerado de tempo em tempo, como se o trem fosse partir naquele exato instante, antes mesmo de a porta ser fechada.

Era isto o que Hertha procurava fazer: na impossibilidade de visualizar algo no lado de fora, ocupava-se em identificar todos os sons vindos da plataforma, como se dali, de um mínimo detalhe, pudesse extrair alguma informação capaz de lhe indicar qual seria o seu destino, agora sem a companhia de Gisi. Nesse momento, porém, ela sentiu que as mulheres resmungavam, irritadas, e se espremiam umas contra as outras. Era um movimento uniforme, massivo e firme, que forçou o vagão a um breve balanço, para a direita, depois para a esquerda, seguido do som metálico e estridente das molas de aço se encolhendo e depois se soltando. O movimento se repetia, incessante, as pessoas se apertavam e gemiam, tentavam abrir espaço entre elas, impossível saber o que estava se passando, até que Hertha sentiu alguém abraçando-a por trás, o corpo junto ao seu, o rosto sobre seu ombro. Não conseguia se mexer, não podia se virar, estava espremida, e só percebeu do que se trava quando ouviu a voz de Gisi, junto ao seu ouvido pedindo-lhe para ficar calma, ela estava ali, junto dela, para cumprir o que o pai Moritz lhe havia pedido antes de ser levado para a morte.

– Vim cuidar da nossa pequena disse Gisi – ofegante, a voz serena e alegre.

Com dificuldade, Hertha ergueu a mão e acariciou o rosto da irmã, sobre seu ombro, o calor da respiração muito próximo de si.

– Gisi! – exclamou, tentando se virar. – Você não estava em outro grupo!?

– Consegui fugir.

– E Fred?

– Não sei, mas não se preocupe com ele.

– Gisi!? – ainda insistiu Hertha, sob o impacto do reencontro. Fred tinha condições de proteger você, arranjar alguma proteção até a guerra terminar! Você podia ter ficado com ele em Plaszow. Ou seguir com o grupo dele...

– Preciso cuidar de você! Lembre-se de que papai...

– Papai não devia ter pedido isso a você, Gisi. Fred é seu marido e tinha alguns privilégios no campo, você bem sabe.

– Agora não importa.

– Eles podiam ter matado você, Gisi!

– O que importa é que estamos novamente juntas para nos ajudarmos uma à outra.

– Como você sabia que eu estava aqui?

– Vi você entrando... Me aproximei aos poucos, enquanto os guardas se preocupavam com o embarque do vagão de trás. Aí houve uma pequena agitação em torno de uma pessoa que desmaiava. Eles pensaram que era uma tentativa de fuga, então aproveitei e corri para dentro...

– Você sabe para aonde estamos indo?

– Não, ninguém sabe.

– É para a morte, Gisi!

– Pare com isso, Hertha! Só morreremos se não fizermos o que eles pedem.

– Gisi... Escuta...

– Sim, fale.

– Tive que deixar em Plaszow meu álbum de recortes que papai fez pra mim! Estou desesperada.

– Isso agora não tem tanta importância, Hertha. Importa é que estamos juntas, vivas.

– Mas consegui esconder algumas fotos e um par de brincos da mamãe... Tenho-os aqui, dentro da roupa.

A conversa das duas foi interrompida pelo apito da locomotiva que ecoou pela plataforma, dando o sinal da partida. O cheiro de fumaça ficava forte, novamente o som metálico dos ferros e a pesada porta do vagão acabou, enfim, sendo fechada. Aos poucos, o trem se mexeu, pesado, estridente. Foi ganhando velocidade e, rapidamente, o som seco das rodas de ferro sobre as emendas dos trilhos soou aos ouvidos de Hertha e de Gisi como se fosse uma interminável e cadenciada sequência de tiros a cortar o ar gelado do campo.

Apesar da viagem não ter sido longa, a atmosfera rarefeita dentro do vagão provocou náuseas e desmaios em algumas mulheres. Desmaiavam e caíam sobre os pés das outras, sem que ninguém pudesse socorrê-las devido à falta de espaço que as impedia de fazer qualquer movimento. Quase uma centena e meia de pessoas foram colocadas dentro de um único vagão. No final do trajeto, quando a porta se abriu e as passageiras começaram a descer, permaneceram caídas, onde o índice de oxigênio era quase zero, aquelas que, tendo desmaiado, acabaram morrendo asfixiadas. Tão logo foram saindo, os guardas as conduziam, em fila e às pressas, por uma trilha paralela à linha do trem, ao lado de uma extensa cerca eletrificada e com guaritas de vigilância de trecho em trecho.

– Eles vão nos matar, Gisi! – disse Hertha, abraçando-se à irmã. Estão nos levando para a morte!

– Não, Hertha. Tenha fé que isso não acontecerá.

– Vão fazer conosco o mesmo que fizeram com os nossos pais, Gisi!

– Não, Hertha!

– Estou com medo, Gisi!

– Se fosse para nos matar, não teriam nos trazido tão longe. Teriam nos matado nos bosques de Cracóvia mesmo.

– Que lugar é este, Gisi?

– Logo saberemos.

A primeira visão que Hertha teve do outro lado da cerca, salpicada de isolantes de porcelana em toda a sua extensão, foi a fumaça das chaminés que, aos poucos, ia se diluindo no céu, soprada pelo vento. Os guardas tinham pressa, empurravam as retardatárias e atiçavam os cães contra elas para que andassem rápido. Separadas em filas de cinco pessoas emparelhadas, caminhavam sobre a neve e o barro, de tamancos apenas. Os guardas mantinham o mesmo ímpeto daqueles que as conduziram até a estação de trem, irascíveis e apressados, a maioria segurando cães pela corrente e prontos para jogá-los contra quem não estivesse caminhando no ritmo exigido. Hertha e Gisi andavam juntas, a maior parte do trajeto em silêncio, as cabeças baixas e atentas ao lugar onde pisavam. Mais algum tempo de caminhada e, finalmente, avistaram um grande portão onde se lia na parte de cima "ARBEIT MACHT FREI".[30]

Era o campo de Auschwitz, conhecido como o campo da morte, onde as câmaras de gás e os fornos crematórios funcionavam dia e noite. Nele foram exterminados cerca de 2,5 milhões de judeus, além de milhares de comunistas, ciganos, homossexuais, testemunhas de Jeová e dissidentes políticos dos países controlados por Adolf Hitler. Inicialmente, até setembro de 1941, Auschwitz era utilizado como local de prisão e tortura de poloneses antinazistas. A partir daí, no entanto, com a colocação em prática de medidas visando à Solução Final, que previa o extermínio sistemático da totalidade dos judeus na Europa, o campo passou a desempenhar o

---

30   "O trabalho liberta".

tríplice papel de campo de concentração, de passagem e triagem e de extermínio.[31]

Hertha e Gisi mantiveram o ritmo da caminhada, acompanhando o fluxo rumo ao portão de entrada. Viriam a saber, mais tarde, que ali funcionavam câmaras de gás e fornos crematórios. A seleção dos que deviam morrer ou não era feita por um jovem médico chamado Josef Mengele, então com 32 anos de idade, conhecido como "o anjo da morte". Durante um ano e meio, Mengele realizou em Auschwitz o que ele próprio chamava de "experiências médicas", utilizando para isso milhares de prisioneiros, a maioria judeus e ciganos. Cabia a ele a decisão de quem iria morrer ou não, era ele quem gritava "Esquerda!", "Direita!", após examinar rapidamente o aspecto físico dos seus prisioneiros.

As prisioneiras chegaram à praça central de Auschwitz e foram orientadas a se sentar no chão, onde deviam esperar uma primeira seleção a ser feita ali mesmo. Oficiais da SS faziam perguntas sobre a idade, vocação e saúde de cada uma, e a primeira ordem recebida pelas integrantes do grupo de Hertha e Gisi foi para entregarem todos os seus pertences. Aquelas que ficavam num segundo grupo, as incapazes para o trabalho, eram conduzidas rapidamente para outro local, sem qualquer explicação sobre seu destino imediato. Hertha olhou para a irmã como se perguntasse se deveria obedecer ou não à ordem de entregar tudo o que trazia consigo. Gisi fez sim com a cabeça, sem vacilar, para Hertha obedecer.

– Já não nos resta mais nada mesmo – disse ela, voltando-se para Hertha.

– Ainda tenho as fotos da família e os brincos da mamãe, Gisi!

– Aqui, você não vai ter mais como escondê-los, Hertha. É melhor fazer o que eles mandam.

– Não, Gisi! As fotos e os brincos não!

---

31 *A marca dos genocídios*, Michel & Raquel Stivelman (Imago Editora).

Eram fotos dos pais e dos irmãos que ela trazia consigo desde a fuga de Bielitz, no início da guerra.

– Não podemos desobedecer – Hertha reiterou.

– Aí, sim, correremos perigo – fala Gisi, preocupada.

– Alguma coisa temos que fazer, Gisi. Estas fotos são a única forma que nos resta para relembrar os rostos de Jetti, de Jenny, Max, dos nossos pais...

– Eles vão nos revistar, Hertha.

Gisi segurou a mão da irmã, com força, como para convencê-la de que deveria entregar as fotos com os outros objetos.

– Quando sairmos daqui, encontraremos outras fotos – reiterou ela. – Em Bielitz há muitas...

– Sim, Gisi. Em Bielitz há muitas, eu sei. Mas estas eu preciso ter aqui comigo, para olhar enquanto não voltamos para Bielitz.

Gisi olhou para a irmã, aflita, o rosto e os cabelos encharcados de água e suor.

– Está bem – concordou, resignada, ainda segurando-lhe a mão.

As prisioneiras agora precisavam enfrentar, além do frio, a chuva. Água e neve se misturavam no solo onde eram mantidas sentadas, impedidas de se levantar, as roupas encharcadas, sem que qualquer informação sobre os próximos procedimentos lhes fosse passada. Depois de várias horas, quando começava a anoitecer, finalmente veio uma ordem. Foram obrigadas a se despir e entregar as roupas que vestiam. Mais tarde receberiam os uniformes para serem usados no campo dali em diante. Antes mesmo de Gisi fazer alguma observação a respeito, Hertha rasgou as fotos que carregava consigo, manteve intacto apenas o rosto dos pais e dos irmãos, e, junto com os pequenos brincos da mãe, colocou-a sobre um pequeno pedaço de pano arrancado de dentro do casaco. Enrolou-o bem, com extremo cuidado, e escondeu-os no ânus, enquanto se despia para entregar as roupas. Outras seis fotos, sem serem recortadas, mas também enroladas em pedaços de forro do casado, foram escondidas dentro dos tamancos. Logo depois, ao se deslocarem às barracas do alojamento, receberam os sapatos e pôde, então, guardá-las, com mais cuidado, sob a palmilha.

Antes de serem levadas para as barracas, no entanto, ainda despidas, as prisioneiras tiveram suas cabeças raspadas. Enquanto esperavam, tremiam de frio, encolhidas e batendo os dentes. Gisi foi quem primeiro teve os cabelos cortados. Quando a viu, a cabeça raspada, Hertha começou a chorar. Gisi repreendeu-a. A seguir foi a vez de Hertha. O trabalho era feito de forma muito rápida. A máquina de cortar lhe foi passada na cabeça e em questão de minutos ela pôde ver os cachos de seus cabelos espalhados pelo chão, juntamente com os das outras mulheres que a antecederam. Hertha passou a mão na cabeça e a sentiu áspera, era uma sensação estranha lhe faltar os cabelos entre os dedos vazios. Não tinha um espelho onde pudesse se olhar, mas a imagem de Gisi, à sua frente, lhe permitiu imaginar a si própria e começou a chorar, as mãos no rosto, convulsiva e perplexa. Gisi a acolheu nos braços e tentou consolá-la, falou que esse era apenas mais um estágio a ser transposto até tudo voltar a ser como antes, a casa em Bielitz, a dança, o Bielitzer Stadt-Theater, talvez ela pudesse realizar o sonho de dançar em Viena, quando a guerra acabasse, outras muitas notícias sobre ela ainda haveriam de sair no jornal...

– Os meus cabelos, Gisi! Olhe! Não consigo me imaginar sem os meus cabelos! Uma mulher sem cabelos não é gente, Gisi!

Gisi abraçou-a mais um pouco, depois soltou-a e falou, olhando-a direto nos olhos:

Wenn der Kopf da ist, wird das Haar wachsen![32]

Hertha soluçou, tentando conter o choro, enquanto tocava a cabeça com as duas mãos espalmadas. Disse que sim, Gisi tinha

---

32 "Quando a cabeça permanece no lugar, os cabelos tornam a crescer!"

razão, e ao lado dela, muito próximas uma da outra, cuidavam-se para que os guardas e as Kapos não as vissem conversar. A seguir, passaram por jatos de desinfetante e lhes foram entregues os uniformes listrados, velhos e sujos, antes usados por outros prisioneiros, já mortos. As cabeças raspadas, usando os uniformes do campo e divididas em grupos de cinco, foram submetidas a um novo e prolongado período de espera, depois do qual receberam no braço as suas respectivas tatuagens de identificação. Com uma espécie de punção embebida em tinta, a pele sendo perfurada por pontos muito próximos um do outro, Hertha teve, assim, o número A21646 gravado para sempre no braço esquerdo.

Molhadas, sob o frio e a chuva, pisoteando na lama e na água empoçada, os músculos contraídos e gelados, muitas saltitando para se esquentar, seguiram em direção às barracas do alojamento, onde iriam passar a noite. Durante o percurso caminharam à beira de uma grande cova com carvão e cinzas ao fundo, sinal de que no local era feito fogo com frequência. Hertha, então, se lembrou da noite em que chamara Gisi para ver as execuções de prisioneiros, em Plaszow, quando os homens, alvejados a tiros, caíam com o próprio impacto, direto sobre as chamas.

– Vão fazer com a gente o mesmo que fizeram com eles, Gisi!

Naquela noite, foram executados no campo de Plaszow centenas de homens, entre eles comunistas, intelectuais, sindicalistas e políticos de oposição, que haviam chegado, em grupos, nas carrocerias de caminhões. No dia seguinte às execuções, antes de serem conduzidas ao trabalho, as prisioneiras foram obrigadas a passar à beira da vala, onde jaziam os restos dos corpos carbonizados. O cheiro era insuportável e era disso que Hertha se lembrava, agora, enquanto circundava, ao lado da irmã, a extensa vala do campo de Auschwitz.

– É a nossa vez, Gisi. Vão nos queimar vivas!

– Não, Hertha! Não teriam nos trazido até aqui para isso.

– Se não for hoje, vai ser amanhã.

– Não, Hertha – disse Gisi, sussurrando. – Se estivessem pensando em nos matar assim, teriam aproveitado a vala de Plaszow...

– Mas eles matam por qualquer coisa...

– Sim, Hertha. Mas se não chamarmos a atenção deles, mais chances teremos de sair vivas daqui.

– Mas como, Gisi!? Eles estão sempre juntos da gente, ao lado, na frente, quando menos esperamos...

– Por isso mesmo, Hertha. E o jeito de nos tomarmos invisíveis aos olhos deles é não observarmos nada, não olharmos para nada, não sentirmos nada, entende? Nenhuma reação emocional diante de qualquer atitude deles. Reagir emocionalmente é lhes despertar a ira.

– Sim, você já me disse isso várias vezes... Mas é difícil, Gisi.

– É o jeito, Hertha. Bote isso na sua cabeça. Não observar nada, jamais reagir emocionalmente, nunca tente prestar auxílio a quem quer que seja, nem mesmo a mim, se estivermos na presença deles.

A caminhada à estação ferroviária, o vagão superlotado, a chegada a Auschwitz, a longa espera no Appellplatz, a exposição sob a chuva e a neve, o corte dos cabelos, a identificação no braço, a tensão e o medo vividos desde a madrugada, quando foram acordadas às pressas desfizeram qualquer resistência física que ainda pudesse sobrar entre elas. Cansada, assim que chegou ao alojamento, Hertha tomou a sopa da noite e apenas se deixou cair no colchão de palha, ao lado da irmã que também dormiu, tão logo se deitou e pôde esticar as pernas para passar a dor.

As semanas que passaram em Auschwitz foram marcadas pela angústia da indefinição. Todos temiam o que estava para acontecer. Logo depois da chegada, as prisioneiras já tomaram conhecimento de que aquele era um campo de extermínio e as chaminés jogando fumaça noite e dia para o ar eram dos fornos crematórios. Nada mais podiam fazer além de esperar, não imaginavam o que, pois sabiam também que, antes das execuções, havia um processo chamado de seleção, quando os prisioneiros eram examinados e separados em filas. Havia quem escapasse das câmaras de gás, mas ignorava-se o destino deles, daqueles que não iam para a fila da direita, a da morte, se eram submetidos a alguma experiência ou simplesmente transferidos para outro campo.

Hertha e Gisi lembravam-se seguidamente de Plaszow, onde podiam trabalhar, se dedicar a algum trabalho para passar as horas e ocupar a mente com algo que não fosse o medo da morte. Além disso, no campo anterior, o ato de trabalhar, para elas, não estava desviado do seu real e verdadeiro sentido. Elas experimentavam uma certa satisfação com aquilo que faziam e, dessa forma, podiam saborear o resultado de seu esforço diário. Isso, de uma certa forma, as reconfortava, pois viam algum objetivo na atividade por elas exercida. Em Auschwitz, chegaram a fazer algum trabalho forçado, carregando pedras para um campo vizinho, de Birkenau,[33] o que, para Hertha e Gisi, visava, apenas, torná-las cada vez mais frágeis e vulneráveis, física e psicologicamente.

De madrugada, elas iam até o refeitório para buscar o café. Com duas varas de madeira enfiadas na alça de um pesado panelão, atravessavam o campo até chegarem às barracas. Era uma caneca para cada mulher, uma fatia de pão e um naco de manteiga. Ao meio-dia e à noite, recebiam uma caneca de sopa ou um pedaço de pão com manteiga. Quando havia pão, não havia sopa e vice-versa. Após o café, iam todas para o Appellplatz, onde ficavam, às vezes, uma manhã inteira, até o início da tarde, à espera de alguma tarefa. Mas com frequência não lhes era dado o que fazer. Aguardavam no

---

33 Campo de concentração contíguo a Auschwitz, onde também funcionavam câmaras de gás e fornos crematórios.

Appellplatz, sentadas no chão, um dia inteiro, até anoitecer, para serem conduzidas novamente aos alojamentos. Um dia, pouco antes de deixar Auschwitz, enquanto se dirigia à chamada de controle, Hertha não percebeu quando uma mulher se aproximou dela, com cuidado para não ser vista, e lhe tocou o braço. Tão logo fixou os olhos no seu rosto a reconheceu. Era a mãe de Ari que estava ali, diante dela, o olhar desolado e apressada. Aproximou-se, retirou a dentadura de ouro da boca e a entregou a Hertha.

– O que vou fazer com isso? – perguntou Hertha, surpresa.

– Não vou precisar mais disso – respondeu a mãe de Ari, apontando para a fila onde estava e que se afastava aos poucos na direção oposta.

Hertha apanhou a dentadura e, com medo de ser vista, a enfiou dentro da roupa.

– Pode ser que isso seja útil para você e Ari no futuro – acrescentou ela, enquanto corria para o seu lugar.

– Eu não vou precisar mais...

Foi tudo muito rápido. A mãe de Ari imediatamente se misturou às outras pessoas da sua fila e, em seguida, desapareceria da vista de Hertha para cruzar a porta de um dos prédios de alvenaria existente nas proximidades.

Embora o período de permanência em Auschwitz tenha sido de poucas semanas, uma relação de amizade foi se reforçando entre algumas das prisioneiras. Ao chegarem, procedentes de Plaszow, Hertha e Gisi se reencontraram com Lola Amsterdam, irmã de Fred, o marido de Gisi, de quem haviam se separado no dia da partida para Auschwitz. No Appellplatz, procuravam permanecer sempre próximas umas das outras. Quando podiam, especialmente à noite, sempre se cuidando para não serem descobertas, conversavam e relembravam fatos e lugares, a chapelaria, o teatro, os passeios pelos bosques da região; e Hertha aproveitava para falar de Ari, dos poemas e bilhetes perdidos, do álbum de recortes que fora obrigada a deixar em Plaszow. Gisi também gostava de conversar com Lola e via nesse estreitamento de amizade entre Hertha e sua cunhada um fato positivo, que a deixava mais tranquila e animada em relação aos cuidados e preocupações com a irmã caçula. Tendo com quem conversar sobre seus assuntos preferidos, a dança, a pintura, os poemas de Ari, Hertha, às vezes, se mostrava até um tanto alheia à situação no campo, e isso tornava seu cotidiano menos atormentado.

O marido de Lola também estava em Auschwitz, juntamente com o filho do casal, mas eles podiam se ver apenas no Appellplatz, durante o dia, e, mesmo assim, de forma muito discreta. Compartilhavam, portanto, quase das mesmas preocupações. À noite, Lola temia pelo que poderia acontecer com o marido e o filho e a angústia de imaginá-los mortos, as dúvidas sobre os dias seguintes, a possibilidade iminente de uma separação, as chaminés funcionando dia e noite, também faziam parte das conversas entre elas. Hertha e Gisi não haviam tido mais notícias do irmão Max, Gisi estava separada do marido Fred, que ela deixara em Plaszow para se unir a Hertha, e Lola temia pelo futuro do filho, principalmente. Eram fatos e detalhes comuns a aproximá-las à medida que o tempo passava, e elas sentiam necessidade de falar de si, de tocar direto no motivo de seus temores e, assim, aliviar um pouco seu cotidiano de apreensões e de medos.

Hertha guardava embaixo da palmilha dos sapatos as fotos que conseguira salvar na chegada a Auschwitz. Nem sempre podia olhá-las, pois saíam cedo das barracas e voltavam quando já tinha escurecido. Mas pela manhã sempre dava um jeito de contemplá-las, uma a uma, de forma a gravar todos os detalhes na memória e poder recordar depois, se alguém viesse a tirá-las dela para sempre, como ocorrera com os bilhetes de Ari, na tapeçaria de Plaszow.

Embora soubessem da existência das câmaras de gás, dos crematórios c da função dada a elas em Auschwitz, tinham esperanças de que algum fato novo acontecesse e não fosse preciso se submeter às filas e à seleção de Josef Mengele. Poucos dias antes de serem levadas à seleção, Lola teve uma pneumonia e precisou ser atendida na enfermaria do campo. Enquanto permaneceu enferma, seu filho, que estava com o pai no Appellplatz, foi capturado e levado para a câmara de gás. Por aparentar mais idade do que realmente tinha, havia escapado da morte, no gueto, quando as crianças foram tiradas dos pais e a seguir eliminadas. Ao ser descoberto em Auschwitz, seu destino imediato foi a morte.

Assim que Lola saiu da enfermaria e tomou conhecimento de que o filho havia sido executado, a rotina delas mudaria novamente. O momento mais difícil foi revelar a ela o que havia acontecido enquanto estivera enferma. Lola recebeu o apoio e o carinho das amigas, passou o resto dos dias no campo em silêncio, como um autômato, apenas cumprindo as ordens de ir e voltar do Appellplatz, sem qualquer comentário ou queixa. Em seguida, no entanto, chegou o dia em que, ainda de madrugada, foram chamadas para serem submetidas a uma nova seleção. Tão logo receberam a ordem, não tiveram dúvidas do que estava para acontecer. Quando se dirigiam ao local onde seria feito o controle de chamada, muito próximo à cerca de arame, perceberam a chegada de caminhões com dezenas de novos prisioneiros. Os homens desembarcavam devagar, alguns com dificuldades para caminhar, e uma prisioneira que estava próxima de Hertha avistou entre eles o seu marido. Chamou-o uma primeira vez, mas ele não ouviu. A mulher, então, gritou uma segunda vez, em vão. Ao perceber que não teriam mais chances de se reencontrar, pois os homens precisavam fazer todo o contorno do campo e ainda deveriam ficar um longo tempo à espera da seleção preliminar e da identificação, ela correu, chamando-o pelo nome. Assim que tocou a mão no primeiro fio de arame foi como se algo a tivesse sugado para junto da cerca. Ficou imediatamente roxa, teve convulsões por alguns instantes e depois parou, estática, pendendo na lateral da cerca. Morreu eletrocutada, presa aos rolos de arame, enquanto a fila das mulheres, indiferente e sem alterar o ritmo da caminhada, avançava em direção ao local onde, a seguir, se veriam frente a frente com o "o anjo da morte", o médico Josef Mengele.

A preocupação que acompanharia Hertha e Gisi, durante as várias horas em que permaneceriam reunidas, amedrontadas, à espera do momento de passar diante de Mengele e saberem, finalmente, o destino que lhes seria dado, era com a amiga Lola. Ela tinha duas cicatrizes no corpo: uma na perna, grande, visível, consequência de uma cirurgia realizada no fêmur, ainda criança, e uma segunda abaixo do seio direito, sequela de outra cirurgia, esta para a retirada de pedras da vesícula. A extensão da fila, em torno de um quilômetro, e o consequente tempo de espera elas utilizaram para planejar o modo de disfarçá-las. Discretas para evitar a atenção dos guardas, ocuparam o tempo experimentando um jeito de Lola segurar as roupas de forma que as duas cicatrizes fossem ocultadas no momento de passar diante de Mengele. Por sorte, as duas cicatrizes eram no lado direito. Assim, Lola deveria colocar as roupas no antebraço do mesmo lado, posto na base do seio, fazendo-as cair até a perna para ocultar a outra cicatriz. Enquanto a fila não andava, elas treinavam, incansáveis e tensas. Lola segurava as roupas daquele jeito e Hertha, a cabeça um pouco para trás, a observava, em sinal de aprovação de que assim como estava e se assim se mantivesse, nenhuma das duas cicatrizes podia ser vista.

Quando a fila começou a encurtar diante delas e faltavam poucas pessoas à sua frente para passar, preferiram assumir suas posições definitivas e não conversaram mais. Hertha deu uma última repassada na posição de Lola, o braço direito dobrado abaixo do seio, as roupas caídas sobre a perna, e fez um discreto gesto de afirmação com a cabeça. As últimas que as antecediam iam passando silenciosas, muitas eram separadas umas das outras, mãe para um lado, filha para o outro, ouviam-se apenas alguns soluços, um início de choro, e novamente, cada vez mais próxima, a voz que determinava para onde deviam ir as recém-examinadas, limitando-se apenas a duas palavras, algo como um martelar estridente e infinito a ferir os ouvidos: "Links!"[34], "Rechts!"[35], "Links!", "Links!", "Rechts!", "Links!"...

Hertha perdeu a consciência por instantes, não saberia recordar como chegou a sua vez, como caminhou até a mesa onde se encontrava Mengele. Só se deu conta de onde estava quando ouviu novamente a voz, agora se referindo não a outra pessoa à sua frente como acontecera até ali, mas a ela. E ainda vacilou, atordoada, sobre o que fazer tão logo ouviu, muito próxima de si, a mesma voz estridente que dizia: "Links!"

Hertha diria depois que aquele fora o seu passaporte para a vida, mas ali, naquele momento, não exultou a sorte. Atrás de si vinha Gisi, e o destino dela era intrínseco ao seu, pois se o caminho da irmã fosse o da morte, teria preferido a outra fila, a da direita, a da câmara de gás, o forno crematório, para não se obrigar a seguir só por um caminho desconhecido e incerto. Hertha não se apressou, retardou tanto quanto pôde os próximos passos em direção a outra fila que a esperava um pouco adiante. A voz que antes se repetia exaustivamente, quase sem intervalos, agora parecia tomada de um mutismo abissal e inexplicável. Até que, finalmente, a ouviu como esperava, uma última e derradeira vez: "Links!"

Mas ainda não era tudo. Hertha diminuiu o passo até Gisi poder alcançá-la. Não podiam parar, precisavam andar depressa e, por isso, não puderam ouvir o que diria Mengele sobre Lola, logo atrás delas. Quando se dirigiam à estação de trens, para um novo embarque, perceberam sua presença logo atrás, junto com outras mulheres, as roupas ainda do mesmo jeito, na mesma posição, a lhe

---

34 "Esquerda!"

35 "Direita!"

esconder as cicatrizes do corpo. Hertha e Gisi olharam-se apenas, menos tensas, e seguiram adiante, em direção ao vagão que as aguardava para uma nova jornada.

Novamente um vagão, originalmente utilizado para o transporte de gado, pequeno para tantas pessoas, as passageiras quase amontoadas umas por cima das outras, algumas desmaiando à medida que o tempo corria e o trem não chegava ao seu destino. Ninguém entre elas sabia para onde estavam sendo levadas. A viagem se alongava e, consequentemente, um número maior de mulheres não resistia às condições precárias dentro dos vagões e caía. Um desmaio naquelas condições, onde todos seguiam em pé, a maioria sem ter onde se segurar, era fatal. Hertha e Gisi iam juntas, apoiando-se uma na outra. Ainda se lembravam da fila da seleção, achavam que tinham ganho a vida naquele dia, mas ao mesmo tempo temiam pelo futuro incerto que as esperava pela frente. Estavam vivas e isso, no momento, era o que interessava, dizia Gisi a Hertha, quando ela chorava e insistia em saber para onde as levavam, se não iam soltar gás dentro do vagão e matá-las ali mesmo.

O trem que saíra naquela tarde de Auschwitz, na Polônia, e transportava as mulheres selecionadas por Mengele se dirigia ao campo de concentração de Bergen-Belsen, o último por onde passaria Hertha Gruber antes de ser libertada pelos ingleses, poucos dias antes de a guerra terminar. Na chegada, as que sobreviveram à viagem foram separadas em cinco filas paralelas e orientadas a seguir em frente, sem perda de tempo. Iniciada a marcha, um lodaçal imenso ia ficando para trás, à medida que a multidão avançava, e parecia engolir, aos poucos, a brancura da neve estendida ao longo da estrada.

Como caminhavam ao lado de um imenso bosque, algumas mulheres tentavam fugir, correndo para o seu interior, mas eram abatidas a tiros pelos guardas que as descobriam em fuga. Depois de um certo tempo, quando começava a anoitecer, receberam ordem para entrar na floresta, espessa e escura, onde não viam quase nada, a não ser os guardas caminhando ao lado. Não raras vezes, Hertha ouvia tiros às suas costas e imaginava que eram mulheres sendo executadas e, sem demora, chegaria a sua vez e a vez de Gisi.

– *Jetzt kommen wir dran*![36] – insistia ela, junto ao ouvido da irmã.

Incansável, Gisi negava que a morte estivesse próxima e tentava acalmar a irmã com o raciocínio mais simples e lógico:

– Nesta floresta escura, Hertha!? Eles não teriam nos feito ficar todo aquele tempo à espera para nos colocar na fila da esquerda e depois nos matar aqui, tão longe...

– E esses tiros, Gisi? Estão matando alguém, sim!

– É possível que sim. Mas talvez seja alguém que deixou de cumprir ordens... e nós estamos cumprindo as que nos dão...

Hirtas e em silêncio, ainda caminhariam por um longo trecho depois dessa conversa sobre os tiros. Suavam bastante, a boca vinha seca e sentiam sede. Faltava-lhes a noção sobre o tempo transcorrido desde a manhã, quando foram chamadas para a seleção, em Auschwitz. Sem nada saber sobre o transcurso das horas, não lembravam se ainda era dia ou se já anoitecera. Não conversavam mais, concentravam-se no ato de caminhar de forma quase intuitiva quando perceberam, de repente, uma grande clareira um pouco adiante, e tiveram a impressão de que o mundo se abria diante de seus olhos. De um momento para o outro, a espessa e escura floresta deu lugar à luz da lua e ao cintilar das estrelas sobre suas cabeças. Andaram mais um pouco, até a mata terminar, e perceberam um imenso clarão a poucos metros de onde estavam. Erguia-se ali, próximo ao bosque, um grande acampamento, com várias tendas de lona muito próximas umas das outras. Hertha olhou para Gisi e

---

36 "Agora seremos nós!".

disse que aquela visão, finalmente, era um alívio e a deixava menos amedrontada. Acabava de transpor mais uma etapa de curtíssimo prazo na sua expectativa sobre o futuro: o medo de morrer na floresta estava desfeito.

As tendas eram do campo de Bergen-Belsen, onde mais adiante seriam construídas várias barracas de madeira, cercadas de arame, sua última parada antes do final da guerra.

Cada uma recebeu um caneco de alumínio para as refeições do dia, que viria a ser apenas uma sopa de batatas, aguada e quase fria. Foram alojadas em tendas e, para dormir, havia no chão apenas sacos cheios de palha. À noite, aquelas que chegassem atrasadas, depois do trabalho, eram obrigadas a se acomodar umas por cima das outras. Incondicionalmente, isso causava resmungos e mau humor das que haviam se deitado antes. Algumas semanas após a chegada das prisioneiras, Bergen-Belsen era atingido por um grande temporal, que levaria a lona das tendas e as deixaria ao relento por alguns dias. Esse fato forçou a construção de novos alojamentos, agora barracões de madeira, que as protegiam um pouco mais do frio e da chuva.

Certa ocasião, ao chegar mais tarde no alojamento, Hertha procurava, sem encontrar, algum espaço disponível entre as inúmeras prisioneiras deitadas no chão, encostadas lado a lado, espremidas umas contra as outras. Precisou dormir atravessada, no vão que sobrava junto aos pés das fileiras amontoadas. Na manhã seguinte, acordou com as vestes encharcadas por fezes, consequência da diarreia das prisioneiras. Desesperada, teve a ajuda de Gisi que lavou rapidamente sua roupa, do jeito que foi possível, em uma precária torneira, no lado de fora do barracão. O tempo era curto, Gisi sacudia ao vento, com pressa, a roupa que gotejava. Ainda conseguiram chegar sem atraso ao Appellplatz, onde, como era frequente, permaneciam por longas horas sem o que fazer. Como não bastasse,

Hertha se viu obrigada a ficar com as vestes úmidas e geladas sobre o corpo ao relento, sob o frio do inverno.

Hertha, Gisi e sua cunhada Lola, com quem se reencontraram na chegada ao campo, haviam ido trabalhar na cozinha do Comando, descascando batatas para a sopa das prisioneiras e as refeições dos SS. Eram batatas congeladas e muitas vezes, no meio do trabalho, suas mãos ficavam roxas, insensíveis a rijas de frio, devido ao contato continuado com o gelo. Essa atividade permitia a Hertha e Gisi levar para o barracão, às escondidas, dentro das roupas, algumas batatas cruas, para serem trocadas por pedaços de pão trazidos por mulheres que trabalhavam em outro setor da cozinha. Quando havia oportunidade, à noite, Hertha, esgueirando-se entre os barracões, ia até o lixo do refeitório dos oficiais e procurava pelos ossos da sopa jogados fora. Depois, discretas, Hertha e Gisi cortavam em duas a fatia o pão que haviam trocado pelas batatas furtadas e retiravam o tutano de dentro do osso. Passavam o tutano nos pedaços do pão e mastigavam-no aos poucos, com vagar e paciência, para aproveitar o sabor ao máximo.

Numa noite, uma das prisioneiras havia conseguido uma cebola e, ao cortá-la, seu cheiro se exalou forte pelo interior do barracão. Hertha ficou com vontade de comer também, afinal, havia anos que não colocava um pedaço de cebola na boca. Cuidando-se para não ser vista, saiu e foi até o lixo do refeitório. Fuçou detalhadamente no lixo, procurou com atenção, cheirou tudo o que havia ali, mas não encontrou a cebola que procurava. Nem mesmo um pedaço, uma sobra, ou alguma casca que tivesse sido jogada fora. Malograda, chorou bastante na volta para o alojamento. Seu trabalho só não foi totalmente em vão porque trouxe consigo alguns poucos ossos cozidos para lhes ser retirado o tutano.

Vivendo em condições precárias durante o inverno, muitas prisioneiras começaram a adoecer. Todos os dias, com chuva ou neve, eram obrigadas a ir ao Appellplatz, onde ficavam por longo tempo apenas aguardando o controle anterior ao início dos trabalhos do dia. Gisi desenvolveu uma infecção no ouvido que, com o frio e a umidade, piorava a cada dia. Certa manhã, assim que acordaram, Hertha a viu chorar quase em silêncio e quis saber o motivo. Gisi lhe disse que a dor no ouvido se tornara insuportável, sinal de que a infecção se agravava. Quando chegou a sopa, Hertha aproveitou o calor do caneco de alumínio, fez aplicações no ouvido da irmã e a dor diminuiu. Manteve o local aquecido até a sopa quase esfriar. Mas chegou a hora de se apresentarem para o controle. O dia era de chuva, estava frio, e só podia ficar no alojamento quem tivesse permissão. Gisi se obrigou a acompanhar as outras prisioneiras e trabalhar normalmente durante todo o período.

À noite, a dor voltou a ser insuportável e Hertha percebeu que o rosto da irmã estava muito inchado. Decidiu, então, ir até o ambulatório e pedir um remédio que pudesse, pelo menos, lhe aliviar a dor. Estava muito escuro, ainda chovia, quando Hertha deixou o alojamento. Cuidou o facho de luz, projetado pelo holofote da torre da guarda, com a intenção de estudar seus movimentos e passar sem ser localizada. O facho esquadrinhava o campo, em círculos, em zigue-zague, em forma de oito, enquanto Hertha contornava os barracões tentando se desviar da vista dos guardas. Quando estava próxima ao ambulatório, o facho a atingiu em cheio e ela precisou recuar. Assim que o fez, numa questão de segundos, ouviu tiros muito próximos de onde estava. Esperou mais um pouco, sem tirar os olhos do holofote, que agora se fixava na direção em que a tinham avistado segundos antes, e ouviu mais um tiro de advertência. No momento em que o facho de luz girou rápido em outra direção, ela deu um salto e correu para o ambulatório.

A atendente de plantão não a deixou entrar. Hertha insistiu, parada pelo lado de fora, ao mesmo tempo em que a luz dos holofotes girava por todos os cantos do campo. Disse que sua irmã estava com muita dor no ouvido, não iria aguentar a noite se não fosse socorrida. A atendente, então, jogou-lhe um comprimido de analgésico e voltou a fechar a porta. Hertha correu para junto de Gisi, enfrentando os mesmos perigos, escondendo-se entre os barracões para evitar que os guardas a localizassem. Deu-lhe o remédio e ela pôde dormir um pouco mais tranquila. No dia seguinte, porém, a dor recrudesceu. No final da tarde, após outro período de trabalho, Hertha foi apanhar a sopa e viu um SS conhecido, que estivera também em Plaszow e era tido por muitas prisioneiras como de índole menos violenta e mais humanitária. Decidiu arriscar a vida e pedir-lhe ajuda. Ajoelhou-se em sua frente e suplicou por socorro. Descreveu a situação de Gisi, o ouvido, a infecção, o rosto inchado e a dor insuportável, que a fazia chorar mesmo ciente dos riscos que corria.

– Ele compreendeu minha angústia! – disse Hertha, exultante, ao retornar ao barracão.

O SS a quem ela pedira socorro autorizou que Gisi fosse levada ao ambulatório, onde, no dia seguinte, foi submetida a uma cirurgia para drenar um abscesso no ouvido.

Nesse período, Hertha viria a correr mais um risco na sua luta para ajudar a irmã a se recuperar. Queria vê-la, conferir como estava sua recuperação. Numa primeira tentativa foi impedida. Na segunda, depois de falar com o SS que havia autorizado a cirurgia, obteve permissão para ir ao ambulatório visitá-la. A alegria de rever a irmã foi contrastada, no entanto, com a dolorosa cena que precisou presenciar. O médico que operara Gisi, para mostrar a um superior o bom trabalho por ele realizado, retirou sem qualquer cuidado as gazes que lhe drenavam o ouvido dela, com força e de maneira que o outro pudesse conferir o local com os seus próprios olhos. Chorando, Gisi disse para Hertha que naquele momento sentiu uma dor mais terrível do que a da cirurgia propriamente dita, feita sem anestesia. Dias depois, quando voltava à barraca, ao convívio de Hertha e de Lola, ainda com a cabeça enfaixada, era saudada pelas outras prisioneiras como uma ilustre sobrevivente.

– Depois dessa, Gisi vai durar cem anos! – exultou Lola, ao recebê-la com um abraço.

Hertha estava feliz, valera o esforço, considerava-se a responsável pela recuperação de Gisi, que em breve iria retirar as faixas do ouvido e voltar a uma vida normal. Semanas depois, elas puderam retomar uma tradição que, devido ao isolamento, havia se perdido nas idas e vindas dos campos de concentração. Assim como Hertha guardava as fotos da família, havia uma prisioneira, chamada Mond, que conseguira carregar consigo um pequeno Sidw.[37] Isso permitiu às prisioneiras judias recuperarem, naquele ano, a tradição do Yom Kipur. Elas esconderam a comida e fizeram jejum. Ao final do período de abstinência, trouxeram a pouca comida escondida e fizeram o Anbeissen,[38] satisfeitas por terem tido a oportunidade de seguir a tradição, mesmo estando isoladas e enfrentando precárias condições alimentares.

Em Bergen-Belsen não chegava qualquer informação sobre a vida exterior. Os prisioneiros sabiam que a guerra não terminara porque continuavam ali, como no primeiro campo de concentração, na mesma rotina, trabalhando da manhã à noite e correndo os mesmos riscos. Para não perder o contato com ela mesma e manter vivos seus vínculos com o passado, que para a grande maioria das outras prisioneiras já não existia mais, Hertha carregava consigo, dentro do sapato, as fotos dos pais e dos irmãos. Isso fazia parte de sua rotina no campo de concentração. Só não olhava as fotos quando isso era realmente impossível. Caso contrário, sentava-se com elas na mão, ou até mesmo em pé, e recordava não apenas a fisionomia dos pais e dos irmãos, mas alguma cena, algum gesto, alguma

---

37 Livro de rezas.

38 O término de um dia de jejum.

pequena história que mantivesse viva, na sua memória, a lembrança de como era cada um, sua personalidade, seus aspectos físicos e até mesmo o timbre de suas vozes. Por onde andasse, Hertha carregava as fotos. Não apenas para vê-las quando houvesse oportunidade, ou para se sentir próxima delas, mas também por garantia. Temia uma possível repetição do que acontecera em Plaszow, quando perdera as cartas e os poemas de Ari Reissman dentro do sofá da tapeçaria.

Um dia, na barraca, Hertha estava olhando as fotos, absorta, quando foi surpreendida pela voz de Gisi.

– Eu admiro essa sua persistência, Hertha.

– Isto para mim, Gisi, é tão importante quanto a comida que nos dão para continuarmos vivas.

Hertha disse isso e olhou para Gisi. Foi, então, que se deu conta de que a irmã agonizava. O longo tempo juntas, o cotidiano de incertezas e tensões, o estilhaçamento das resistências, os trabalhos forçados e o medo envolviam-nas de uma certa forma que, sem pontos de referência, ficavam impedidas de perceber as alterações no aspecto físico de cada uma. Gisi estava magra, viam-se os ossos sob a pele, os olhos ficaram pretos, no fundo, e pareciam não enxergar mais.

– Por que você me olha brava, Gisi? – foi a primeira pergunta que veio à cabeça de Hertha, ainda sem se dar conta de que aquela era a face de agonia da irmã.

Gisi chorou em silêncio e explicou a Hertha que não estava brava, talvez fosse apenas uma impressão dela. Depois se abraçaram e assim puderam ficar um longo tempo. Naquele final de guerra, o campo de Bergen-Belsen já estava quase abandonado pelos alemães e o perigo de expressarem suas emoções já não era tão grande.

No dia em que se deu conta do estado de extrema fragilidade da irmã, elas estavam no barracão das judias contaminadas pelo tifo, e Hertha mais uma vez enfrentou o perigo em busca de socorro.

Esgueirando-se, com dificuldade, saiu pela janela e, mal podendo andar, procurou apoio em duas ucranianas que passam naquele momento. Eram prisioneiras que tinham certos privilégios no campo e talvez pudessem tê-la ajudado, mas não, jogaram Hertha no chão e correram, enojadas com os piolhos das suas roupas. Ela levantou-se como pôde, enfraquecida pela desnutrição, e devagar foi até o local onde funcionava o ambulatório. Subiu engatinhando os poucos degraus da escada. Depois de implorar por socorro para a irmã, lhe deram um comprimido de Coramina. Quando voltava ao barracão, ao flagrá-la entrando pela janela, uma Kapo lhe deu uma bofetada no rosto. Esse ato de violência contra a irmã marcou os últimos minutos da vida de Gisi. Percebendo que Gisi a vira apanhar no rosto, Hertha a abraçou e aos poucos ela foi amolecendo o corpo até perder totalmente a consciência. Naquela mesma noite, 29 de março de 1945, aos 34 anos, Gisi morria nos braços de Hertha, a duas semanas da libertação de Bergen-Belsen e do final da Guerra. Enquanto fora possível, fizera de tudo para cuidar e proteger a caçula, como pedira o pai antes de morrer.

Semanas antes, devido a uma epidemia de tifo que, a partir do inverno de 1944, viria a matar milhares de prisioneiras, as mulheres do barracão onde estavam Hertha e Gisi haviam sido transferidas para uma área isolada, numa tentativa de impedir o contágio. No entanto, a falta de higiene e a desnutrição agravaram a situação e, em poucas semanas, já se podia perceber que a população do campo diminuía com rapidez. No interior dos alojamentos, onde antes o exíguo espaço era disputado na hora de dormir, havia agora lacunas e poucos lugares ocupados. As roupas, antes lavadas e secadas no próprio corpo, agora eram substituídas pelas daquelas que morriam. Não muito distante, podia-se ver, na proporção em que os alojamentos ficavam vazios, uma pirâmide de cadáveres, empilhados uns sobre os outros, vítimas da epidemia de tifo que se alastrava sem obstáculos. Entre as vítimas dessa epidemia está Anne Frank, conhecida pelo diário que escreveu, enquanto se escondia dos nazistas em Amsterdã, publicado em livro posteriormente, tendo arrebatado milhares de leitores em todo o mundo.

O único sinal evidente dentro do campo de que a guerra estava para terminar era o abandono. Nenhuma notícia de fora, apenas os dias se seguindo, cinzentos e frios, sem nenhuma perspectiva sobre o momento seguinte de quem lá estava. As prisioneiras, nos últimos dias, não eram mais vigiadas pelos SS, mas faltava-lhes força até mesmo para se erguerem do lugar onde haviam caído, agonizantes. Apenas alguns dias separavam-nas do final da guerra, porém muitas não resistiriam vivas mais que uma noite ou algumas horas. Assim, à medida que as horas passavam, a população do campo diminuía de forma visível.

Os SS já haviam praticamente abandonado Bergen-Belsen, fugindo das tropas aliadas que avançavam em direção à Alemanha. Continuavam em atividade apenas as Kapos, aquelas mulheres, a maioria prisioneiras comuns, que ao longo do tempo conseguiram alguns privilégios e foram nomeadas para trabalharem como guardas das barracas. Num dia, quando lhes faltava o que comer e sentiam a morte se aproximar, Hertha se lembrou da dentadura de ouro que lhe dera a mãe de Ari, antes de ser levada para a câmara de gás. Retirou-a de dentro da roupa, onde a havia costurado, e ofereceu-a em troca de comida para uma mulher chamada Olga, que tinha ali alguns privilégios por ser a responsável pelo barracão. Ela então foi até o refeitório e lhe trouxe uma lata, antes usada para conservar carne. Havia dentro apenas sebo e gordura saturada, e Hertha continuaria como antes, sem ter com o que se alimentar.

Entre as poucas mulheres que restavam vivas na barraca, estavam Hertha e Mond, a mesma prisioneira que trouxera consigo um Sidur e que avisara-as sobre o Yom Kipur. Mond estava menos debilitada, por isso cuidava das outras mulheres com a esperança de que pudessem resistir até a guerra acabar. A comida não era mais distribuída, o campo fora abandonado diante do avanço dos aliados e as prisioneiras nada mais tinham para se alimentar. Às vésperas da libertação, Mond encontrou algumas cascas de batata no lixo da cozinha e, com uma colher de chá, tentou alimentar Hertha, com dificuldade, pois mal ela tinha forças para abrir a boca.

A imagem de Mond a sua frente, alimentando-a com raspas de uma casca de batata, é a última lembrança que Hertha Spier guarda do campo de concentração de Bergen-Belsen. A partir daí, nada ficaria gravado na sua memória até o momento em que viria a se acordar, alguns dias depois, no interior de um alojamento improvisado pela Cruz Vermelha, numa das casas antes utilizadas pelo comando da SS, dentro do próprio campo. Por várias semanas ainda foi necessário permanecer deitada, sem movimentos, naquele que foi o início de um longo período de recuperação, para curar a tuberculose e recuperar o peso.

Muitas das prisioneiras resgatadas vivas juntamente com Hertha não resistiram e morreram logo após receberem os primeiros socorros. As tropas inglesas chegaram a Bergen-Belsen no dia 15 de abril 1945, quinze dias depois da morte de Gisi. Max, agora, era a última esperança que tinha Hertha de não ficar como a única pessoa da família a sobreviver ao Holocausto. Esperança que morreria numa noite em que experimentava um vestido novo, feito por ela própria, numa casa de recuperação da Suécia, alguns meses antes de viajar ao Brasil. Max estava morto. Morrera trabalhando nas pedreiras do campo de Mauthausen, na Áustria. Depois dessa notícia, só lhe restou a alternativa de se acostumar à ideia de que, dali para frente, estava sozinha no mundo e assim teria que reconstruir a vida. Antes de embarcar para o Brasil, permaneceu mais de um ano na Suécia, na companhia de outras sobreviventes, recuperando a saúde e o peso.

5 PORTO ALEGRE, OS NEGÓCIOS E OS FILHOS

Nesse meio tempo, conhece David Staretz, um fabricante e vendedor de bolsas, estabelecido na rua da Alfândega, 35, que a ajuda a aumentar a produção, até ali muito abaixo da procura e das encomendas que recebe. Staretz coloca à disposição de Hertha toda a sua maquinaria, mesas, máquinas de cortar e costurar couro, ajuda que, nos meses seguintes, dá fôlego ao negócio e permite a ela se transferir da casa dos pais de Thea, onde mora, para um quarto individual, alugado no centro da cidade.

Hertha é recebida no porto do Rio por Thea e Albert Schneider. Tão logo desembarca, passa a perceber os contrastes entre os dois mundos que conhecera até esse momento. A começar pelo clima. Deixou o outono sueco, de ventos fortes e dias que vão ficando cada vez mais sombrios, de roupas escuras e pesadas, para chegar a um Rio de Janeiro em plena primavera, a uma estação de roupas leves à base de linho e algodão, já muito quente para os parâmetros dos países nórdicos, de onde ela acabara de sair. Hertha, que ainda a bordo do Christover tomou contato com a música brasileira, não demora a conhecer outros artistas que fazem sucesso no rádio e nos auditórios, como Carmem Miranda, Francisco Alves, Araci de Almeida, Isaura Garcia, Ciro Monteiro, e vai se integrando aos poucos à nova vida naquela que chama a sua nova pátria.

O Rio de Janeiro é a capital da República e o presidente Eurico Gaspar Dutra, eleito depois do golpe militar que derrubou o ditador Getúlio Vargas do poder, ainda não completou um ano de governo. A efervescência política é grande, ainda sob o clima dos acontecimentos que culminaram com o fim do Estado Novo, um dos períodos mais violentos contra a liberdade de pensamento pelos quais o Brasil passou no século passado. Elogiam-se as conquistas sociais promovidas por Vargas no governo, ao mesmo tempo em que setores da sociedade repudiam os métodos por ele adotados para aniquilar a oposição, através da perseguição política e da violência física, que teve como marcas a jamais serem esquecidas a repressão e a tortura de políticos e intelectuais, a censura à imprensa e à liberdade de pensamento. Contra Getúlio Vargas pesa também seu comportamento político suspeito durante o desenrolar da Segunda Guerra, quando flertou com a política fascista de Hitler, tendo em seu governo, inclusive, ocorrido o desfecho do conhecido caso Olga Benário, mulher do líder comunista Luiz Carlos Prestes.

Olga, uma judia que chegara ao Brasil para se integrar à luta dos comunistas de Prestes, foi entregue pelo governo Vargas à polícia política de Hitler no dia 23 de setembro de 1936, grávida de três meses, apesar de todas as evidências sobre o seu futuro, um campo de concentração na Alemanha. É levada diretamente para Ravensbrück e, em fevereiro de 1942, depois de transferida para outro campo, acontece o que já se previa desde sua saída do Brasil: é executada na câmara de gás em Bemburg,[39] às vésperas de completar 34 anos de idade, deixando a filha, Anita Leocádia, nos braços de amigas que a criariam depois de terminada a Guerra, essa mesma Guerra de cujas sequelas tenta fugir agora Hertha Gruber na sua chegada ao Brasil,[40] um país que também procura cicatrizar feridas e encontrar o caminho da democracia.

Hertha hospeda-se na casa dos pais de Thea durante dois meses, e passa a compartilhar seus dias com outras pessoas que lhe vão

---

39 *Olga – A vida de Olga Benário Prestes*, judia comunista entregue a Hitler pelo governo Vargas (Fernando Morais, Editora Alfa-Ômega).

40 No livro *Odyssey of Exile – Jewish Women Flee the Nazis for Brazil*, de Katherine Morris, editado pela Wayne State University Press (USA), há o relato da vida de treze mulheres que vieram para Brasil, vítimas do nazismo, cada uma com o seu capítulo específico. Hertha Spier e Olga Benário estão entre elas.

sendo apresentadas. Tudo é 40 feito para que ela supere os traumas da guerra e crie suas próprias defesas, encontrando fórmulas para enfrentar o passado diante da impossibilidade de simplesmente apagá-lo da memória. Hertha não se nega a falar de suas tragédias, relata-as a quem quiser ouvi-las e, assim, enquanto passam os dias, aprende a conviver com seus fantasmas, do seu jeito, sem renegá -los ou colocá-los acima da real importância que têm no passado recente. Apesar dessa disposição para um convívio muito próximo, porém, não permite, em momento algum, que eles a atormentem a ponto de serem um entrave na tarefa obstinada de olhar mais para frente do que para trás. Os fantasmas existem e são eternos, mas o segredo de Hertha é saber como enfrentá-los. E para enfrentá-los, é preciso conhecê-los bem, sem escondê-los ou permitir que a aflijam a ponto de prejudicarem os sonhos e projetos que começam a nascer do seu dia a dia no Brasil.

Ajudada por um amigo da família Schneider que lhe dá restos de couro de uma fábrica de sua propriedade, Hertha coloca em prática a experiência adquirida antes da guerra, em Bielitz, e aperfeiçoada em Karlstad, enquanto se recuperava da tuberculose, e começa a trabalhar com artesanato. Além das flores, sua especialidade já conhecida, passa a confeccionar também cintos femininos. Procura fazer modelos diferentes, fora do padrão, tanto no formato quanto na combinação das cores, e logo percebe que pode usar os mesmos motivos nos cintos e nas flores, estas para serem usadas como broches, e passa a vendê-los em forma de conjunto. Com o primeiro cheque recebido, ela compra matéria-prima para novas criações. A ideia dá certo, as vendas aumentam e, em pouco tempo, Hertha não dá conta em atender à demanda, crescente a cada dia.

Nesse meio tempo, conhece David Staretz, um fabricante e vendedor de bolsas, estabelecido na rua da Alfândega, 35, que a ajuda a aumentar a produção, até ali muito abaixo da procura e das encomendas recebidas. Staretz coloca à disposição de Hertha toda a sua maquinaria, mesas, máquinas de cortar e costurar couro, ajuda que, nos meses seguintes, dá fôlego ao negócio e permite a ela se transferir da casa dos pais de Thea, onde mora, para um quarto individual, alugado no centro da cidade. Entre os primeiros e maiores clientes de Hertha, está a rede Sloper, então uma das maiores e mais conceituadas lojas do Brasil. Com o que ganha é possível pagar o aluguel do quarto, comprar roupas e se alimentar, além de adquirir a matéria-prima necessária para fabricar cintos e flores, agora de uma forma mais profissional. Esse progresso nos negócios a ajuda a se integrar cada vez mais ao cotidiano da cidade, da cultura, de hábitos e costumes muito diferentes da sua terra de origem.

O Rio de Janeiro é a caixa de ressonância do resto do Brasil, e na cidade circulam artistas, cantores, carnavalescos; o Teatro de Revista está no auge, Luiz Gonzaga consagra o baião com sua sanfona branca e Nora Ney arranca suspiros de brasileiros de ambos os sexos ao interpretar, sob medida, os sambas de fossa, a moda de então, de autoria do radialista-cronista-compositor Antônio Maria. Na área musical, já se percebe um período de transição entre a Velha Guarda, os chamados ícones da Época de Ouro, e uma geração de novatos, como Carlos Lira, Antônio Carlos Jobim, Vinícius de Moraes, João Gilberto, Dóris Monteiro, Dick Farney e Lúcio Alves, que mais adiante estariam integrando um movimento consagrado de Norte a Sul do país: a Bossa Nova.

É em meio a esse clima que Hertha, uma bailarina conhecedora da emoção do palco e dos aplausos desde o tempo em que dançava balé no Teatro de Bielitz, segue fabricando conjuntos de flores e cintos, no centro do Rio, sem se descuidar da vida que passa ao seu redor. As primeiras dificuldades com o idioma não impedem que seu ouvido vá se acostumando e aprendendo a apreciar as melodias executadas repetidamente no rádio.

No inverno de 1947, na casa dos pais da amiga Thea, ela conhece Siegfried Spier, um judeu-alemão nascido em Wongrovitz, em 1912, e criado em Gelsenkirchen, Alemanha, que veio para o Brasil antes de a guerra começar. Sua fuga se deu em 1933, aos 21 anos de idade, logo após a ascensão de Hitler ao poder. Sigi, como era chamado, trabalhava em uma loja de tecidos e, por ser judeu, acabou sendo demitido, fato que lhe serviu de alerta e o fez pensar de forma objetiva em deixar seu país.

Após um breve período trabalhando em Bruxelas, na Bélgica, seguiu os conselhos de seu antigo professor na Alemanha, por quem era muito estimado. Kurt Denker[41] não era judeu e convence-o do perigo do antissemitismo, que se estendia com rapidez por toda a Europa. Sigi seguiu então para o Rio de Janeiro, tendo conseguido um visto de entrada ainda sem a necessidade de grandes trâmites burocráticos. À época, para poder deixar a Alemanha, um judeu não podia ter no bolso mais de dez marcos. Esse valor lhe foi dado pelo pai. De forma discreta, no entanto, o professor Denker lhe ofereceu uma complementação de outros dez marcos, como demonstração de amizade e estima. Seu pai, Saly Spier, professor em uma escola judaica, morreu antes de a guerra começar, já desgostoso com a trajetória dos fatos presenciados por ele até ali.

Anos depois, já enfrentando os transtornos relativos ao período imediatamente anterior ao início da guerra, bem como as dificuldades que começavam a se apresentar também nos trâmites brasileiros, Sigi conseguia, ainda a tempo, trazer para o Brasil sua mãe, Lina Spier,[42] que viria a morrer, pouco tempo após, no Rio de Janeiro. Seu único irmão, Adolf Spier, então estudante universitário, foi impedido de continuar seus estudos na Alemanha devido às perseguições e se mudou para a França. Formou-se em Medicina

---

41 Durante a guerra, Siegfried enviava para a Alemanha pacotes de alimentos para Kurt Denker. A amizade entre os dois foi mantida mesmo à distância, depois da guerra, através da troca periódica de correspondência. Quando nasceram os filhos de Siegfried e Hertha, Kurt Denker enviou presentes para o Brasil. Em viagens para a Alemanha, anos depois, os filhos de Siegfried e Hertha, Mario e Lúcio, visitaram a viúva do professor Denker em sinal de admiração e agradecimento.

42 Seu sobrenome de solteira era Wrzeszinski.

pouco antes da invasão dos alemães, escapando, logo após, para o norte da África. Lá, integrou a Legião Estrangeira, na qual atuou como oficial médico do exército inglês. Radicou-se em Londres após a guerra, onde se naturalizou e passou a exercer regularmente a profissão. Antes, no entanto, trocou de nome de Adolf para Andy Spier.

Siegfried Spier e Hertha Gruber casam-se no dia 9 de maio de 1948 e em seguida se mudam para Porto Alegre, Rio Grande do Sul, onde ele é representante comercial e já tem um círculo de amigos, com o qual o novo casal passa a se relacionar. Integram-se à SIBRA (Sociedade Israelita Brasileira de Cultura e Beneficência), núcleo social e religioso formado por judeus alemães imigrantes, alguns já conhecidos de Sigi dos tempos do Rio de Janeiro. A partir daí, a SIBRA passa a constituir o seu grupo de convívio social, especialmente depois, com a chegada dos filhos.

A primeira moradia do casal na capital gaúcha é um pequeno apartamento, na rua Inácio Montanha. Alguns meses após o casamento, Hertha fica grávida do primeiro filho, Mario Spier, que nasce em 23 de maio de 1949. Enquanto ela cuida da casa e do filho recém-nascido, Sigi continua seu trabalho de representante comercial, viajando por todo o interior do Rio Grande do Sul, Santa Catarina e Paraná. Representa a empresa Korimpex, uma importadora com sede no Rio de Janeiro, que comercializa cristais da Bohêmia e porcelanas KPM, bem como confecções masculina e feminina.

A casa própria foi uma das obstinações de Sigi assim que se casou. "Ich hat mir immer gewünscht ein Dach über meinem Kopf zu haben!"[43] era a frase incansavelmente repetida ao se referir ao assunto, tanto para Hertha como para os amigos que o cercavam. Assim, permanecendo às vezes até um mês longe de casa, Sigi vai juntando dinheiro e, com o que já tinha guardado desde solteiro, compra uma casa, bem maior que o apartamento alugado onde moram. Vão viver então na Av. João Pessoa, no mesmo bairro da residência anterior.

---

43 "Sempre desejei ter um teto sobre a minha cabeça!"

Não demora e Hertha fica grávida do segundo filho, Lúcio, que nasce em 3 de julho de 1951.

O cotidiano do casal não se altera. Hertha permanece em casa, cuidando dos dois filhos, enquanto Siegfried continua seu trabalho no interior dos três estados do Sul, vendendo roupas, cristais e porcelana. Mais tarde, estabelece um escritório no centro de Porto Alegre, embora continue com a rotina das viagens, agora um pouco menos constantes.

Em 1963, quando completaria 15 anos de casamento e as sequelas da guerra pareciam menos presentes no seu dia a dia, um novo fato se interpõe no caminho de Hertha, obrigando-a a reiniciar uma nova etapa em sua vida, agora com dois filhos dependendo dela para viver.

Depois de alguns meses ao lado do marido, então com 50 anos, que luta contra o câncer, fica viúva, um mês antes da primeira viagem que fariam à Europa, e precisa, mais uma vez, se reerguer sozinha, criar os filhos e tocar os negócios da família. Aos 44 anos, vê-se novamente frente a frente com uma situação insólita e desconhecida. Agora, no entanto, está mais preparada para caminhar com as próprias pernas. À medida que os obstáculos surgem e vão sendo transpostos, sente-se cada vez mais distante daquela garota mimada pelos pais e irmãos que, no dia 25 de agosto de 1939, foi obrigada a arrumar sua mala às pressas e fugir para Cracóvia, com a esperança de que a guerra não passasse de um blefe, de um confronto que não demoraria a terminar, e logo pudesse estar de volta ao lar, às ruas de Bielitz, aos palcos do Teatro Municipal, sob o olhar atento e orgulhoso da família Gruber.

Mario tem 13 anos e Lúcio, 11. O estudo para os filhos passa a ser a prioridade inegociável de Hertha a partir da morte prematura do marido. Não tem ideia de por onde começar, mas sabe que tocar os negócios da família será um desafio e a sua obrigação de mãe dali para frente. Um dos obstáculos a serem transpostos logo de início é a discriminação, pois até ali a representação comercial no Brasil era uma atividade exclusivamente masculina. Hertha foi uma das primeiras mulheres no Rio Grande do Sul a atuar como representante comercial na sua plenitude, dirigindo um escritório próprio e mantendo contatos diretos e periódicos com os clientes.

Ainda no hospital, nos últimos dias de vida de Sigi, Hertha havia recebido a visita de um amigo da família, Juan Sondermann, dono da tradicional Casa Louro, que lhe perguntou se ela tinha intenção de assumir os negócios do marido. Diante da sua imediata resposta positiva e considerando o grande número de interessados em ganhar o direito de representar, entre outras, a Korimpex (cristais da Boêmia, porcelanas KPM), Pullsport (moda feminina), Lemo (camisas, pijamas, cuecas), Gentry (confecção feminina), Sondermann entrou em contato com os diretores dessas empresas, estabelecidos no Rio de Janeiro e em São Paulo, e solicitou a continuidade das representações com a viúva, no que foi prontamente atendido.

A primeira iniciativa é se inteirar da parte burocrática do escritório, na rua Otávio Rocha, local tradicional de comércio no centro de Porto Alegre. A seguir ela constitui a firma Vva. Siegfried Spier Representações, através da qual começa a tocar os negócios que agora são de sua responsabilidade. O segundo passo é apanhar a relação de clientes e passar a visitá-los em todo o interior do Rio Grande do Sul. Devido à distância e para não se afastar por muito tempo dos filhos, que ficam em Porto Alegre para estudar, ela deixa Santa Catarina e Paraná para outro representante. A bordo do carro deixado por Sigi, um Ford 51, Hertha assume de vez os negócios da família, tendo como objetivo principal manter os estudos de seus filhos, Mario e Lúcio. Em pouco tempo, fica conhecida dos antigos clientes do marido e passa a dominar a dinâmica do negócio, seus detalhes e características, ganhando autonomia e impondo seu toque pessoal nas relações com os compradores. Aos poucos, no entanto, vai adaptando o negócio herdado de Siegfried àquilo que entende ser sua vocação e mais compatível com seu gosto e suas preferências pessoais. Muda a razão social da firma, passando de Vva. Siegfried Spier Representações para Representações Hertha Spier Ltda., mantém o catálogo de cristais e porcelanas, mas dá prioridade ao vestuário feminino.

É a partir dessa mudança que os negócios de Hertha deslancham. Assume a representação no Rio Grande do Sul de outras grifes, entre elas as conhecidas Darling e Christian Dior. Não demora, o escritório no centro de Porto Alegre começa a viver uma agitação diária de fornecedores, clientes e manequins. Algumas adaptações são feitas no local, ela própria se encarrega da decoração e passa a oferecer coquetéis e organizar desfiles para clientes do interior do Estado. Na época de lançamentos de estação, Hertha se vê obrigada a realizar até três por dia. Isso não impede, porém, que ela continue visitando os antigos clientes. Mas agora com uma novidade: também estende ao interior os desfiles que tanto sucesso fazem na capital. Assim, carregando cinco malas cheias de amostras e acompanhada de duas manequins de sua equipe, ela visita importantes cidades gaúchas, entre elas Caxias do Sul, Santa Maria, Bagé e Pelotas. Para as regiões mais distantes, como Uruguaiana, por exemplo, o trajeto é feito de trem, em viagens que duram quase um dia ou uma noite inteira. Dividindo sua vida entre as visitas a clientes do interior, os desfiles em Porto Alegre, a recepção aos diretores das empresas que representa em suas vindas ao Estado, bem como as idas às sedes dessas mesmas empresas, no centro do país, Hertha vai conseguindo seu principal objetivo: manter os filhos estudando para formá-los em uma profissão que, no futuro, lhes dê independência e as bases para uma vida digna e honesta.

Em 1968, viajou pela primeira vez aos Estados Unidos. Era uma oportunidade para visitar o filho Mario, que estudava, como bolsista, em uma escola americana. Reencontrou Lola Amsterdam, contudo Fred, seu cunhado, marido de Gisi, já havia falecido. Na ocasião, procurou e encontrou parentes[44] , e, embora o vínculo familiar fosse distante e o contato por longo tempo perdido, gerou-se entre eles um significativo elo fraternal. Enquanto estiveram vivos, Hertha visitou-os algumas vezes, bem como recebeu suas visitas em Porto Alegre.

Doze anos após a morte do marido, em julho de 1975, Hertha começa a ver retribuído o esforço que fizera para dar estudo aos filhos. Lúcio se forma em Sociologia, diploma que, aliado às atividades a que se dedica em Porto Alegre, ligadas a questões sociais, o levará à cidade do México, entre 1979 e 1981, para um mestrado em Medicina Social. No mesmo ano da sua formatura em Sociologia, Lúcio ingressa na Faculdade de Medicina. Hertha exulta, pois, diante do clima de repressão existente no país e da militância de Lúcio no movimento estudantil contra a ditadura militar, não se sentia tranquila tendo um filho sociólogo e militante político. Em função do mestrado no México, Lúcio é obrigado a interromper o curso de Medicina, retomando-o logo após seu retomo.

A segunda parte de sua obrigação começa a se cumprir no dia 3 de dezembro de 1977, com a formatura do filho Mario. Será a primeira formatura de um filho a ser presenciada por Hertha, já que a de Lúcio, em 1975, ela não havia comparecido, por temer os perigos do clima político e de repressão existente à época. Chega ao local da solenidade com uma boa folga de tempo. Sua intenção é escolher um lugar bem próximo ao palco e assim poder olhar Mario bem de perto, recebendo o diploma de médico e proferindo o discurso de formatura, como orador de turma. Nove anos depois, é a vez de Lúcio se formar também em Medicina. Naquele dia, 12 de dezembro de 1986, Hertha chega ao local com bastante antecedência e escolhe um lugar privilegiado na plateia. É hora de ver finalmente cumprido, na sua totalidade, o maior objetivo de sua vida, aquele

---

44 Trata-se dos Dunay, os mesmos parentes que haviam lhe enviado o *Affidavit*, documento de imigração, nos seus últimos dias na Suécia. Com eles, Hertha obteve algumas fotos da família, tiradas em Bielitz.

que ela elegeu como prioridade inquestionável no dia em que, após a morte do marido, entrou pela primeira vez no escritório da rua Otávio Rocha e começou a trabalhar.

Depois chegam os netos, com quem Hertha passa a dividir seu tempo e atenção. Nascem Lúcia, em 1982, Rafael, em 1985, e Mário, em 1990, todos filhos de Lúcio e Alba Maria de Oliveira Neves, com quem ele se casara em 1978. Lúcio, após dedicar-se à clínica geral e à saúde pública, especializou-se em Psiquiatria. Mario fez a Residência Médica em Cirurgia Plástica, no Rio de Janeiro, onde praticou a especialidade por vários anos e construiu a sua Clínica. Ambos se radicaram em Porto Alegre, onde exercem suas profissões.

Com os filhos formados, Hertha decide se aposentar e passa a se dedicar à atividade que a fascinou desde a infância e a juventude, em sua cidade natal, e que a ajudou a recomeçar a vida, logo após sua chegada ao Rio de Janeiro, quando confeccionava trabalhos em couro para vender. Também nesse período, Hertha chegou a frequentar os cursos de arte da Pontifícia Universidade Católica do Rio, sob a orientação da professora Eva Schneider. Além da dança, Hertha sempre gostou de desenho e pintura e é a esta área, a das artes plásticas, que se dedica inicialmente, depois de concretizada a aposentadoria. Com mais tempo disponível, começa a frequentar o Atelier Livre da Prefeitura Municipal de Porto Alegre e, em seguida, descobre a vocação para a escultura em bronze, fato que ela classifica como a descoberta mais significativa durante a retomada da atividade artística.

Aos 84 anos[45] de idade, Hertha divide seu tempo entre dois imóveis adquiridos durante o trabalho de representante comercial no Rio Grande do Sul: um amplo apartamento situado na Av. 24 de Outubro, no bairro Moinhos de Vento, um dos mais elegantes e valorizados da capital gaúcha, e uma agradável casa em Gramado,

---

45 Preferimos manter o original. Hertha Spier faleceu aos 101 anos, em Porto Alegre, no dia 09/02/2020.

onde passa os fins de semana. Na Serra, dirige o seu próprio carro, faz hidroginástica, visita as amigas e expõe seus trabalhos artísticos. Sempre atenciosa com os amigos, gosta de receber visitas e de mostrar as obras de arte que tem em casa. Mas, se alguém pergunta algo sobre o seu passado, jamais se nega a falar e a relembrar a vida nos campos de concentração da Polônia e da Alemanha. Acha que dessa forma, sem fugir da verdade, como fez com os filhos Mario e Lúcio desde a infância, estará fazendo a sua parte para que a humanidade reflita sobre o valor da vida e para que tragédias como a sua não voltem a acontecer no futuro. Mario, seu filho mais velho, é cirurgião plástico e, se ela quisesse, poderia, sem dificuldades, ter retirado o número A21646 que ela carrega no braço, desde o dia em que passou pela fila de Josef Mengele, no campo de concentração de Auschwitz.

– Se fizer isso, não serei mais eu – diz Hertha, ciente de que conviver com o passado é uma forma de viver bem o presente e de contribuir para que histórias como a sua sirvam de exemplo e evitem que outras iguais se repitam.

Já deu muitas explicações sobre a tatuagem que carrega no braço esquerdo e sabe que, enquanto viver, muitas explicações ainda precisarão ser dadas, tanto para as crianças, sempre sinceras nas suas curiosidades, como para os adultos que, na sua grande maioria, conhecem a história apenas através dos livros, ou nem isso.

Certa vez sua neta Lúcia, então com três anos de idade, colocou o dedo indicador no braço de Hertha e perguntou:

– Quem escreveu isto, *oma*!?

– Foi um homem – respondeu ela, achando que não era hora de falar sobre assunto tão triste para a neta ainda tão pequena.

– Mas por quê!? – perguntou ela, espantada. – Ele não tinha papel!?

Porto Alegre, agosto de 2002.

Posfácio

"O objetivo da vida é criar a melhor defesa contra a morte."
Primo Levi

"A adaptação é crucial para a sobrevivência, e o modo e o grau de adaptação são determinantes básicos do lugar de uma pessoa no *continuum* saúde-doença."
Karl A. Menninger

Um dos fortes elementos na formação da civilização é a transmissão de conhecimento entre os seres humanos, que decorre, em grande parte, do relato de experiências de vida exemplares. Assim, criaram-se mitos, heróis e lendas importantíssimos em todas as culturas, conforme as necessidades e o desejo das sociedades de formar valores e divulgar costumes, para servirem de grandes modelos. Para isso, geralmente, foram escolhidas histórias de pessoas que enfrentaram e superaram grandes adversidades, não só pelos seus atributos físicos e inteligência como também por suas qualidades de caráter. Exemplo disso é a *Odisseia*, obra de Homero, que descreve a viagem de retorno para casa do herói grego, Ulisses, após a vitória na Guerra de Troia.

A biografia da Sra. Hertha Spier coloca-nos, mais uma vez, diante de uma história que deve ser narrada, registrada e retransmitida. Não só a sua capacidade de sobreviver, mas, especialmente, a habilidade de lidar bem com a vida, será de grande valor para os leitores. Certamente, todos os que leram o *Diário de Anne Frank* imaginaram, ao longo da leitura, que tipo de adulta ela viria a ser. Que esposa e mãe poderia ter se tornado? Como envelheceria? Encontrarão respostas na biografia de Hertha Spier, pois, através de sua leitura, poderão saber como é uma mulher judia que viveu a mocidade sob a perseguição nazista e tem, hoje, 84 anos de idade[46].

Há vários anos tenho curiosidade a respeito das forças do ego que diferenciam as pessoas mais bem adaptadas, do ponto de vista psíquico, daquelas que não têm o mesmo êxito e venho me dedicando, entre outros temas, a estudar as características psicológicas daqueles que sobrevivem a situações extremas e os fatores protetores da saúde mental em condições de grande adversidade. Em vista disso, constituiu-se em um excelente exercício, esta honrosa tarefa de fazer a compreensão psicológica da admirável Sra. Hertha Spier. Meu caminho foi muito facilitado pelo escritor Tailor Diniz, que, na condição de biógrafo, conseguiu, através de uma relação empática com a Sra. Hertha e da colaboração de seus filhos, Mario e Lúcio Spier, colocar-se dentro da situação, como se a estivesse testemunhando. Assim, realizou uma verdadeira "arqueologia da memória", na qual grandes lembranças da biografada e dados históricos se entrelaçam a pequenos fragmentos de recordações, que, cimentados pela criativa imaginação do ficcionista, tornam a leitura extremamente vívida e estimulante.

A seguir, procuro analisar as singulares condições de enfrentamento da biografada, ou seja, sua capacidade de ajustamento, adaptação, resolução de problemas e aptidão para vencer desafios.

---

46 Idade de Hertha Spier de quando o livro foi publicado.

Avalio tal capacidade de reação individual, considerando a interação de múltiplos fatores, como bagagem genética, história do seu desenvolvimento pessoal, aprendizado e padrão defensivo predominantemente empregado no processo de adaptação às dificuldades apresentadas por sua realidade circunstancial.

As pessoas que, do ponto de vista emocional, são dotadas da capacidade adaptativa que a Sra. Hertha apresenta, certamente têm o que John Bowlby chamou de "base segura". Na criança, isso é propiciado por uma satisfatória homeostase ambiental, proveniente da vivência familiar feliz e da segurança transmitida por figuras de apego acessíveis, disponíveis e receptivas. São capazes de adquirir uma tal riqueza interior que esta lhes possibilita, quando adultos, empregar, predominantemente, formas adequadas de enfrentamento, mecanismos maduros de defesa do ego e manter a capacidade integradora do mundo interno com o mundo externo, mesmo frente a intensas pressões estressantes, vindas de ambiente social adverso, e enormes privações materiais.

Hertha, a caçula de uma família de cinco filhos, com diferença de oito anos da irmã que a precede, nasceu em 1918, às vésperas do término da I Guerra Mundial. Mesmo estando bem no centro dos acontecimentos, a família sobreviveu aos rigores da guerra e da gravíssima pandemia da gripe "espanhola", que assolou a Europa no final da guerra e no pós-guerra imediato. É bem provável que esse bebê tenha representado, para os Gruber, um renascimento, o início de uma nova era, na qual os perigos e as maldades da guerra estivessem superados e, dali para frente, poderiam esperar só progresso e felicidade. Essa família, mestra em sobrevivência, possivelmente imaginava que nunca mais a humanidade cometeria uma loucura tão grande como uma Guerra Mundial.

Bem-vinda ao mundo, a menina Hertha foi muito apreciada pelos pais e irmãos, o que proporcionou que crescesse com a certeza de ser querida e amada e desenvolvesse, assim, um forte sentimento de autoconfiança. Sem conhecermos maiores detalhes sobre os cuidados materno-infantis que recebeu nem sobre sua relação com a mãe, apenas com base em sua saúde mental e êxito de vida, podemos presumir que, além de privilegiada herança genética, a menina Hertha teve um extraordinário atendimento por sua mãe, ou substitutos, nos primeiros anos de sua vida.

Sabe-se que uma importante característica das famílias judaicas é incentivar a instrução de seus membros. O aprimoramento cultural e a capacitação profissional são considerados uma riqueza "portátil". Há uma menção a esse respeito no filme *Sunshine*, de Istvan Szabo, o qual relata a saga de uma família judia que enfrentou as duas Guerras Mundiais. Essa devoção da juventude judaica ao estudo das ciências e à busca do conhecimento é descrita no livro da Unesco, *Vida e valores do povo judeu*, como uma versão atualizada da tradição judaica de estudar a Sagrada Escritura.

A boa educação e a oportunidade de aprender trabalhos manuais, somadas às habilidades naturais, ajudaram Hertha a sobreviver à guerra e a readaptar-se depois dela. Além dessas qualidades, favoreceram-lhe suas características de personalidade, condições de saúde e de resistência física, etapa da vida em que se encontrava e muita sorte ou proteção divina, como preferirem.

A menina Hertha conseguiu completar todo o seu desenvolvimento neuropsicomotor e social até o final da adolescência, bem acompanhada e protegida pela família. Foi atingida pelos males da II Guerra Mundial já no início da vida adulta. Assim, já estava, do ponto de vista biológico e mental, forte e desenvolvida o suficiente para enfrentar as sobrecargas de uma situação extrema.

Considero o eixo de sua sobrevivência, a recomendação do seu pai à filha Gisi: "cuide da nossa pequena". Num instante, ele intuiu que a maior chance de preservar sua descendência seria aliar a vitalidade da filha caçula, uma jovem e robusta bailarina, à experiência e sabedoria de uma irmã mais velha, Gisi. A partir de então, a irmã funcionou como autêntico ego auxiliar de Hertha. Mais tarde, fiel a essa recomendação paterna, ao invés de tentar seguir na mesma direção que seu marido, Gisi evitou separar-se de Hertha e, ludibriando a vigilância dos guardas, conseguiu embarcar no mesmo vagão que a irmã caçula. Tivesse acontecido esse afastamento, possivelmente a consequência teria sido fatal para a "pequena".

Uma capacidade de julgamento criteriosa conferiu a Hertha condições de saber quando deveria se submeter e aceitar o poder do inimigo, trabalhando para ele, e quando, respeitados os limites da prudência, poderia cometer pequenas insurreições, como a de esconder as fotos dos familiares ou as poesias de Ari, mesmo diante da proibição. Foi muito importante, para ela, ter desobedecido às ordens dos SS, pois conservar as fotos dos familiares, que ajudaram-na, enquanto prisioneira, a lembrar dos pais e dos irmãos preservando a própria identidade e história familiar e resguardando a possibilidade de retransmiti-la aos seus descendentes, teve o mesmo significado que a presença de um objeto de afeição é capaz de proporcionar a uma criança em situação de afastamento dos pais, ao evocar experiências reasseguradoras com as figuras parentais.

Ter a maturidade para a sublimação revela a capacidade de lidar com os conflitos, transformando-os em realização criativa. Possuir um talento ou habilidade especial é considerado um elemento facilitador de adaptação, uma vez que, concretamente, possibilita maior reconhecimento pelas pessoas, retomo material e elevação da autoestima. Assim, o entusiasmo com a dança, a habilidade para fazer bonitas flores de couro, o bom gosto para moda feminina e a prática das artes plásticas são características que não só a ajudaram a triunfar sobre as dificuldades surgidas em cada etapa da vida.

Ser capaz de construir algo tangível e, através disso, obter recompensas é importante fator protetor frente a circunstâncias de risco e intenso sofrimento psíquico. Temos em Bruno Bettelheim e Viktor Frankl o exemplo de dois profissionais de saúde mental, que, através dessa mesma estratégia psicológica, sobreviveram aos campos de concentração na II Guerra Mundial e conservaram tanto a vida como a sanidade mental, pois continuaram fazendo, lá dentro, o que mais gostavam e aquilo para o que haviam sido treinados: observar e estudar o comportamento humano. Afinal, naquela situação, o que não faltava eram comportamentos extremados para observar e loucuras para serem compreendidas.

Dessa forma, preservaram a identidade e mantiveram suas mentes criativas. Bettelheim chegou a afirmar que a possibilidade de continuar fazendo algo construtivo e pessoal proporcionava-lhe esquecer, por algum tempo, que estava naquele local e naquela difícil situação. Esta declaração coincide com a descrição da Sra. Hertha a respeito da sensação que ela e a irmã Gisi vivenciavam no campo de Plaszow, enquanto podiam cerzir, bordar e passar bem as roupas dos SS, embora saibamos que, para elas, não havia possibilidade de satisfação sublimatória completa, pois a opção por este trabalho não era voluntária nem vocacional. O trabalho era repetitivo, enfadonho, e os únicos resultados que dele podiam usufruir eram preservar a vida, evitar os trabalhos forçados mais pesados e manterem-se juntas – não que isso, naquelas circunstâncias, fosse pouco.

As irmãs Gruber tiveram oportunidade de trabalho mais criativo quando demonstraram sua habilidade para confeccionar bonecos de pano, destinados aos filhos dos SS, com o que obtiveram um pouco mais de boa vontade dos seus algozes, além de conseguirem maior satisfação com o produto final da atividade a que se dedicavam. Porém, após serem transferidas para Auschwitz, enquanto aguardavam o extermínio, o trabalho que lhes foi exigido era o de carregar pedras, já não importava mais aos carrascos explorar suas habilidades.

Em seu livro, *A assustadora história da maldade*, Oliver Thomson cita um trecho da obra *Hitler: A Study in Tyranny*, de Alan Bullock: "O desprezo pela justiça e pela ordem exibido pelo Estado encorajava os impulsos de crueldade, inveja e vingança que normalmente são reprimidos ou direcionados para o submundo da sociedade". Frente ao modo de funcionamento que, nesta análise, se vê denunciado, fica evidente o quanto foi importante que a Sra. Hertha, alerta à sensação de medo, tenha reagido automaticamente, de forma a nunca deixar que, nos campos de concentração, soubessem da existência do seu talento de bailarina. Caso esta descoberta ocorresse, perderia o anonimato e estariam diminuídas suas chances de permanecer viva.

A Sra. Hertha e a irmã foram perspicazes o suficiente para saber que os SS provinham de outras classes sociais e que agora tinham pleno poder sobre aqueles que tanto haviam invejado. Por essa razão eles executavam tão facilmente as ordens de maltratar e exterminar. Não era saudável, portanto, sobressair-se nem atiçar, ainda mais, essa inveja. Porém, em seus devaneios, sonhar com o teatro repleto de espectadores, os aplausos, a música e a dança certamente ajudaram-na a preservar uma rica vida interior.

A demonstração de capacidade empática, ou seja, de comunicar-se afetiva e profundamente com as pessoas, despertando boa vontade nas mesmas, fazendo-se estimar e conseguindo ajuda em situações cruciais, foi outro elemento fundamental no seu triunfo sobre as adversidades. Hertha, presa em um campo de concentração, conservou a capacidade de amar, mantendo uma intensa e duradoura ligação afetiva com o seu grande amor, Ari. Beneficiou-se desse romance, pois em meio a todas aquelas dificuldades teve satisfações afetivas, momentos de excitação, expectativa e prazer, embora imaginário e à distância. Mesmo naquele inferno, nem tudo se constituía só de sensações ruins. Essa paixão e sua inspiração amorosa auxiliaram a jovem Hertha a manter-se estimulada, não só do ponto de vista emocional, mas em sua correspondente expressão endocrinológica e neuroquímica. Poder usufruir, minimamente, do prazer de viver possibilitou-lhe levar a vida adiante nessa situação de extrema desventura.

A obra cinematográfica de Alan J. Pakula, *A escolha de Sofia*, baseada em livro homônimo, de William Styron, ajuda-nos a ter presente o terrível sofrimento pelo qual tiveram que passar milhares de mães ao serem afastadas de seus filhos ou presenciarem suas mortes. Todos que conhecem o grande apego da Sra. Hertha aos filhos, Mario e Lúcio, sabem que foi uma grande sorte ela ainda não ser mãe durante a excessiva provação da Guerra, pois, mesmo que ela resistisse a acontecimentos dessa espécie, provavelmente perderia, dali para frente, o ânimo de viver.

A capacidade maternal da Sra. Hertha Spier e seu desejo de ser compreendida estão registrados no seu primeiro relato escrito sobre os acontecimentos da II Guerra redigido por ela, em alemão, no ano de 1964, e, posteriormente, traduzido e transcrito no livro *Odissey of Exile: Jewish Women Flee the Nazis for Brazil*, de Katherine Morris,[47] quando, dirigindo-se aos filhos, formula o seguinte apelo: "Espero que agora vocês me compreendam e não perguntem sempre por que apenas a mãe de vocês é uma pilha de nervos".

Curiosas são as leis da sobrevivência: se, em tempos de normalidade, ser atraente e sedutora é uma grande vantagem para uma jovem; em ocasiões extremas, como a vivida pela Sra. Hertha em Plaszow, tais atributos podem representar desvantagem na luta pela sobrevivência. Assim, igualmente importante foi a estratégia dela e da irmã de não se destacarem, contrariando o que, normalmente, é ambicionado por qualquer jovem. Possivelmente, isso evitou que fossem convocadas a participar dos diabólicos festins realizados na "Casa Branca" e, logo a seguir, eliminadas.

As moças mais atraentes tiveram o pior dos castigos ao despertar o desejo em homens que estavam condicionados a odiá-las. Esses brutais torturadores também viviam suas carências, e assassinar

---

47 MORRIS, Katherine. *Odyssey oj Exile: Jewish Women Flee the Nazis for Brazil*. Detroit: Wayne State University Press, 1997.

as mulheres que lhes haviam proporcionado momentos de prazer era a garantia de que não desenvolveriam uma relação amorosa gratificante e com vínculo duradouro; de que não teriam descendência "mestiça"; e, ainda, uma demonstração cabal, aos seus pares e superiores, de que não haviam realmente gostado das mulheres judias, apenas estavam executando a ordem de extermínio com "requinte".

A Sra. Hertha demonstrou altruísmo nas situações em que, para socorrer a irmã Gisi, que estava doente, colocou a si própria em perigo, aumentando, ainda mais, os riscos que, naquelas condições, naturalmente já corria. Em um dos textos que, anexado a uma publicação anterior, ela narra as suas vivências[48] encontra-se explicitada sua capacidade de preocupação com os outros: "Deixo meu desejo gravado, para que meus filhos, netos e as próximas gerações não passem por semelhantes experiências. Também espero que todos os povos se entendam, que todas as religiões se respeitem, pois existe somente um único Deus para todo o Universo".

O fato de a Sra. Hertha suprimir seus impulsos, quando separada de Ari, e suportar seus desejos, não adotando nenhuma conduta que os colocasse em risco, reforça a ideia de que tenha recebido bons cuidados na infância. Sobretudo, porque indica condições de maturidade emocional para conduzir a relação amorosa com Ari dentro dos limites possíveis, de forma a obter uma satisfação virtual e, ao mesmo tempo, evitar as punições que adviriam de qualquer aproximação real naquelas circunstâncias. Durante seis longos anos, numa época em que era difícil prever um bom final para tudo aquilo, apresentou capacidade de manter a esperança e antecipar-se aos fatos, o que a fez resistir a cada dia, pensando que precisava chegar com vida ao dia seguinte. Todo aquele suplício valia a pena ser suportado, porque chegaria ao fim e, então, poderia reconstruir uma vida boa.

---

48   A obra referida é a *Revista* comemorativa ao cinquentenário da SIBRA – Sociedade Israelita Brasileira de Cultura e Beneficência, entidade com sede em Porto Alegre, publicada em 1986.

Para o reinício de sua vida, no pós-guerra, foi fundamental que tivesse como forças auxiliares ao ego, os recursos da comunidade. No momento em que sucumbiam todas as esperanças de que mais alguém de sua família tivesse sobrevivido, em que não haviam sobrado bens, em que seu mundo estava destroçado, receber o apoio dos moradores da cidade que a acolhia, da Cruz Vermelha Internacional, representando a solidariedade universal, e de organizações judaicas, contribuiu, de forma decisiva, para que a Sra. Hertha pudesse recuperar a saúde física e emocional, restaurando, então, sua autonomia.

No seu relato, a Sra. Hertha refere que, durante o cativeiro, as prisioneiras usavam umas às outras para descrever como estavam fisicamente. Seu principal espelho deve ter sido a irmã, Gisi. É comovente a cena de seu primeiro reencontro, no hospital sueco, com um espelho verdadeiro e a sua imagem ali refletida. O desespero que dela se apossou por não se reconhecer naquela mulher desnutrida e desfigurada só pôde ser ultrapassado porque sua dignidade lhe foi restituída pela afetuosidade, dedicação e interesse do *staif* do hospital sueco. Essa relação interpessoal positiva foi essencial para que ela voltasse a gostar de si mesma. O que só ocorreu porque era possível reprisar a experiência precoce de aquisição do amor próprio que havia ocorrido na formação da sua personalidade, com base na boa relação com a mãe e dentro de uma família suficientemente saudável.

A excepcional capacidade de sobrevivência e de preservação da sanidade psíquica frente à situação extrema dos campos de concentração que a Sra. Hertha apresenta abrange não só suas condições para resistir a pressões estressantes descomunais como a privação de liberdade e péssimas condições ambientais, com higiene e alimentação deficientes, mas, também, para suportar o irreversível afastamento de seus familiares, em vista da morte dos mesmos. Considere-se, sobretudo, o quanto é difícil a elaboração de lutos sem cadáveres para realizar os funerais e que na ocasião da morte da irmã Gisi, único familiar a cujo corpo teve acesso, Hertha já estava tão fraca e doente que, por certo, não pôde vivenciar plenamente a perda, restando-lhe, apenas, pranteá-la a *posteriori*. Mesmo assim, teve reservas egoicas que a impediram de estabelecer uma forma patológica de luto.

Em mais uma demonstração da preservação de sua saúde mental e sua maturidade amorosa, no Brasil, ela conseguiu amar de novo. Juntamente com o marido Siegfried, constituiu um casamento estável e uma família organizada, depois de, com altruísmo, ter renunciado a procurar Ari, quando soube que ele tinha sobrevivido e estava na França, mas encontrava-se casado e com filhos.

Os anos de tranquilidade não são muitos. A Sra. Hertha reergue-se, mais uma vez, após uma viuvez precoce. Sozinha, foi capaz de prosperar economicamente e ajudar seus filhos a crescerem com um bom desenvolvimento pessoal e profissional. Uma mulher dedicada ao lar que, aos 44 anos, aprende a dirigir os negócios, exercendo uma atividade comercial complexa, demonstra bom nível de inteligência, grande capacidade de trabalho e competência para captar a boa vontade das pessoas.

No relato de sua biografia, em nenhum momento se faz presente o uso do humor, tão característico do povo judeu e que constitui uma das formas maduras de lidar com as adversidades. Provavelmente, durante o período de horror, não tenha havido oportunidade para o surgimento de manifestações de bom humor. Caso tenha ocorrido, não chegou a ser evidenciado, talvez em razão da seriedade do assunto e da sobriedade da Sra. Hertha ao tratá-lo.

É muito difícil que as pessoas relatem, em toda a sua extensão, as desumanidades que sofreram. Assim, percebe-se que, aspectos referentes à sexualidade comumente encontrados noutras situações de privação da liberdade, como em prisões, por exemplo, são negados ou desmerecidos pelas pessoas que narraram suas experiências em campos de concentração. Tal tendência pode ser ilustrada pela brevidade com que Viktor Frankl, em seu livro *Em busca do sentido*, aborda esse tema, referindo, apenas, que, na situação vivida nos campos de concentração, devido ao estado de subnutrição, toda a libido estava investida na luta pela sobrevivência.

Embora não se possa descartar que tenha havido um certo abrandamento do relato, com algumas omissões inconscientes e outras propositais, na biografia da Sra. Hertha, inexistem fatos mais contundentes a respeito da vida sexual nos campos de concentração e, também, sobre outras crueldades, ainda maiores, que tenha sofrido ou testemunhado. Esse decoro, que faz com que os sobreviventes suavizem seus relatos, pode ser explicado pela tentativa de não reviver as experiências mais traumáticas e como medida de proteção à sua imagem e à de seus descendentes. Assim, deixar de esmiuçar os detalhes mais sórdidos talvez revele uma forma de proteger sua intimidade. Sabiamente, eles têm razão, não é necessária uma exposição excessiva para que possamos avaliar que experimentaram sofrimentos inomináveis.

Um aspecto mencionado em outros livros é a participação dos Kapos, presos que ajudavam os SS a cuidar dos demais. Para essa tarefa, geralmente, eram escolhidos criminosos comuns, com comportamentos, por vezes, ainda mais cruéis do que o dos próprios SS. Legitimados pelo sistema, esses indivíduos com tendências antissociais e vivendo, também, sob privação estavam autorizados a atuar suas perversões e impulsividade sobre os frágeis prisioneiros. Além de suas próprias tendências criminosas, por identificação com o agressor, tornavam-se extremamente cruéis e capazes de cumprir com maestria o plano nazista de "extermínio dos judeus".

As loucuras executadas por homens "normais" em crimes e genocídios e seus resultados numéricos espantosos levaram o psicólogo Israel W. Charny a sugerir, em seu livro *Anatomia do genocídio*, que "a morte de seres humanos por seres humanos deva ser definida como o problema de saúde pública número um".

Variando a época, a geografia, a cultura, a raça, a religião e a ideologia, frequentemente, tem-se repetido, na história da humanidade, o fato de que algumas lideranças que reúnem fortes aspectos de caráter antissocial, narcisista, sádico e paranoide consigam influenciar uma grande massa de população. Essa grande massa de indivíduos, que são pessoas comuns, as ditas "normais", enquanto estejam vivendo em circunstâncias não extraordinárias, jamais cometeriam uma violência contra outra pessoa. Entretanto, ao ganharem poder e autoridade sem limites, podem sofrer um estado de onipotência e, num crescendo de grandiosidade, ir perdendo o juízo crítico e os parâmetros de humanidade, alienando-se das referências afetivas, éticas e morais. Assim, tornam-se capazes de seguir as mais absurdas ordens, sem qualquer questionamento, e cometem crimes bárbaros ou ficam indiferentes a eles. Frente à necessidade de se defenderem do sentimento de culpa, terminam desumanizando suas vítimas. Deixando de empatizar com elas, passam a não mais vê-las como semelhantes: "eles não são parte de nós, não são filhos do mesmo Deus, são subumanos ou nem são humanos".

Esta cisão entre bem e mal possibilita a projeção, pois tudo de bom e messiânico está deste lado, e tudo de ruim está projetado no outro. A onipotência e a racionalização fazem com que tudo seja permitido e válido e que, muito facilmente, sejam formuladas pseudojustificativas para atos monstruosos, inclusive a explicação de que as vítimas eram "merecedoras" dos castigos e a autopercepção dos tiranos que se imaginam os senhores representantes do bem e da justiça divina.

Os genocidas sentem-se imortais: tendo assumido o poder sobre a vida e a morte, de decidir quem vive e quem morre, veem-se investidos de características divinas, acreditando que são capazes, até mesmo, de se concederem a vida eterna. É fácil imaginar que, dentro do perverso propósito nazista de extermínio, personalidades paranoides e sádicas tenham servido exemplarmente à função de verdugos. Por outro lado, pessoas muito imaturas e dependentes jamais desobedeceram ou questionaram as ordens de seus "grandes ídolos" do III Reich e aceitaram, resignadamente, a "nova moral" por eles implantada. Contudo, também houve, entre os SS e seus colaboradores, pessoas mais maduras e razoavelmente saudáveis, capazes de avaliar sua participação no processo, e que, num regime de força, também precisaram se adaptar, isto é, submeter-se a isso para sobreviver. No entanto, foram capazes de discordar e, numa certa medida, de arriscar-se e praticar atitudes humanitárias. Exemplo disso é Oskar Schindler, cuja história ocorrida num dos campos em que a Sra. Hertha foi prisioneira ficou amplamente conhecida através do filme de S. Spielberg, *A lista de Schindler*, e o soldado que ajudou a Sra. Hertha na obtenção de remédios para Gisi, quando ela estava doente. Poderia, se quisesse, tê-la punido, por sua atitude "transgressora" e suplicante.

A boa capacidade de enfrentamento e adaptação à realidade, além da sobrevivência durante o período em que esteve em campos de concentração, inclui a capacidade de preservar a higidez psicológica muitos anos depois. A menininha, a jovem e a senhora Hertha chegaram aos 84 anos, ultrapassando todas as fases do desenvolvimento com invejável sucesso, mesmo tendo enfrentado obstáculos que fariam a maior parte de nós sucumbir. Ainda hoje, sem qualquer vergonha das experiências mais difíceis pelas quais passou, ostenta no braço, como um troféu, a tatuagem do campo de concentração, por saber que a mesma só desonra quem a fez. É admirada por todos os que a conhecem, amada pelos familiares e mantém-se apreciadora da vida. Apesar de todos os sofrimentos e privações por que passou, nada teve o poder de subtrair-lhe a alegria e a vontade de viver.

Se, por infortúnio, vier, algum dia, a colocar-me no limite da sobrevivência ou no extremo da capacidade de suportar o sofrimento emocional, certamente, haver tomado conhecimento desta biografia e ter o privilégio de haver desfrutado do convívio com a "Dona" Hertha, será uma bússola a indicar a direção da preservação da vida e da restauração de uma existência construtiva, feliz e digna.

Este livro está garantindo que a Odisseia da Sra. Hertha Spier não sofrerá a injustiça do esquecimento. Esta obra do biógrafo Tailor Diniz ajudará que a história da vida dela fique, para sempre, tatuada na memória de todos os leitores.

Luiz Gustavo Guilhermano
Professor da FAMEDPUCRS e ex-presidente da Associação Gaúcha de História da Medicina
Agosto de 2002.

Adendos à primeira edição

Era uma sexta-feira de 2003, final de tarde, e o empresário Willis Taranger, que lê em média um livro por semana, estava sem leitura para os dias seguintes. Antes de sair de casa, disse à sua mulher, Lisia Taranger, que ia a uma livraria, pois era sua intenção aproveitar o fim de semana para começar a leitura de um novo livro. Chegando à livraria, ao olhar a vitrine, lhe chamou a atenção o livro A Sobrevivente A21646, ali exposto com destaque. Apreciador de obras com referências históricas e com pessoas reais como personagens, Willis foi até a mesa de exposições, folheou o livro e decidiu comprá-lo. Esse simples fato, comum no cotidiano de muitos brasileiros na faixa etária de Willis, teria desdobramentos que ele e sua família, algumas horas depois, custariam a acreditar como não sendo objetos de pura ficção.

Ao chegar em casa, Wilis Taranger largou o livro sobre a mesa, ainda sem abri-lo, e foi ocupar-se de outros afazeres. Na mesma noite, antes de começar a leitura, sua mulher chamou-o, com o livro aberto em uma determinada página. E perguntou:

– "Christover não era o navio que trouxe seus pais para o Brasil?"

Willis achou a informação curiosa e pegou o livro. Para sua surpresa, a coincidência não ficava apenas no nome do navio: os pais dele, Nils Taranger[49] (um missionário sueco encarregado de fundar e desenvolver os trabalhos da Igreja Assembleia de Deus no Rio Grande do Sul), sua esposa Mary e os filhos Per e Gunilla, formavam a família com a qual Hertha Spier atravessara o Atlântico, rumo ao Rio de Janeiro, em outubro de 1946. Era justamente a essa família que a sobrevivente Hertha se referia com tanto carinho nas páginas do livro recém-comprado por Willis para sua leitura de fim de semana.

Ao chegarem ao Brasil, embora tenha se estabelecido entre eles uma grande amizade, Hertha e a família Taranger se separaram no porto, logo após o desembarque, e jamais tiveram notícias uns dos outros. Hertha ficou no Rio e os Taranger vieram para o Rio Grande do Sul. Primeiro para Porto Alegre, depois para Bagé e novamente para Porto Alegre, onde se estabeleceram em definitivo. Willis Taranger seria o terceiro filho de Nils e Mary, este nascido no Brasil.

Assim que juntou todas as pontas da história, Willis foi até a casa de sua mãe (seu pai havia falecido em 2003) e mostrou o livro a ela. Mary Taranger reconheceu Hertha Spier de imediato. Não apenas isso, guardava consigo fotos da família com ela, tiradas no navio, enquanto viajavam. Em uma das fotos, a filha Gunilla – que hoje mora em Götemburg, a cidade de onde partira com os pais para o Brasil – no colo de Hertha, no tombadilho do navio. Gunilla tinha, à época, três anos de idade. Poucos meses depois de as famílias Spier e Taranger se reencontrarem em Porto Alegre, Gunilla viria ao Brasil, oportunidade em que tirou uma outra foto, agora

---

49 Nils Taranger, um coração missionário no sul do Brasil, Luciano Stein (editora CPAD, 2002).

com 57 anos, simulando a mesma posição daquela tirada a bordo do Christover, 54 anos antes.

De volta à Suécia, naquele mesmo mês, Gunilla levou o caso ao conhecimento da revista *Allers*, semanário de maior circulação do país, fato que desencadeou outros fatos, como se, para isso, tivesse havido uma cuidadosa preparação prévia. A partir dessa informação, a revista enviou a Porto Alegre o jornalista Joan-Olof Jonsson com a tarefa de fazer uma matéria com Hertha Spier, já que fora na Suécia que ocorrera sua recuperação, após ser libertada de Bergen-Belsen, o último campo de concentração onde estivera presa. Na matéria, publicada em 11 de dezembro de 2003, era citada uma personagem inesquecível para Hertha, que, a partir dali, viria a se tornar outra vez de fundamental importância na sua vida: Väninnah Kaisa, a garota que, num gesto de simpatia e solidariedade, acolheu Hertha, em Karlstad, enquanto ela recuperava a saúde, antes de viajar em definitivo para o Brasil.

Começava, assim, a partir de uma ida descompromissada a uma livraria, uma série de coincidências que viriam a reforçar uma decisão que Hertha Spier recém havia tomado em função da publicação do livro. Depois de uma conversa com os filhos, que prometeram acompanhá-la, havia decidido voltar ao seu país e à sua Bielitz, a cidade onde nascera e onde, em função da guerra, deixara para trás todos os sonhos de infância e juventude. Mas, agora, com uma nova cidade no roteiro de lugares a serem visitados.

Vendo a história na revista, que reproduzia a sua foto guardada por Hertha e publicada no livro, Kaisa, vivendo em Charlottenberg, cidade do interior da Suécia, procurou a redação da revista e esta a colocou em contato com a família Spier. Assim, com a expectativa de reencontrar uma amiga que lhe fora tão solidária e carinhosa durante tempos difíceis, Hertha decidiu incluir a Suécia no roteiro.

Alegre com a possibilidade de rever Kaisa, Hertha ganhava mais energias e forças para voltar à Europa e realizar algo que até então, desde sua chegada ao Brasil há 57 anos, sempre se negara a fazer: visitar os campos de concentração onde estivera presa, a cidade de Cracóvia, para onde fora com os pais ao fugir da guerra, e sua cidade Natal, Bielitz, onde teve a oportunidade, a convite do prefeito local, de assistir a um concerto acomodada no mesmo camarote do teatro onde seus pais a viam dançar. Na mesma oportunidade, o prefeito recuperou e presenteou a ela a sua certidão de nascimento, perdida desde a fuga de Bielitz.

Em sua edição de 15 de abril de 2004, a revista *Allers* registrava com destaque em suas páginas o reencontro de Hertha e Kaisa, às 23h24min, conforme registra o relógio da estação de Charlottenberg. Ali, juntamente com os filhos Mario e Lúcio, Hertha esperava a chegada da amiga, que vinha para vê-la pela primeira vez depois de mais de meio século sem que uma tivesse notícias da outra.

Hertha e o retorno.
Mario e Lúcio Spier, setembro de 2012.

A publicação de *A Sobrevivente A21646* trouxe grande repercussão para Hertha e nossa família. Expandiu os horizontes da divulgação dos fatos históricos ocorridos, relatados por uma personagem que esteve presente enquanto ocorriam. Inúmeros são os eventos, as homenagens, as entrevistas, as palestras, os encontros e as apresentações de que participa, solícita e sempre com disponibilidade e boa vontade. Muitas e gratificantes têm sido as consequências deste livro.

Em viagens anteriores de nossa mãe à Europa, ela nunca quis retornar aos lugares de seu passado, da sua infância e juventude, da vida com a sua família, perdida, mas sempre tão presente. Quando lhe foi apresentada a sugestão de fazermos, os três, uma viagem para sua terra natal, ela se entusiasmou: "Junto com meus filhos, sim, quero".

Estávamos elaborando o itinerário e os detalhes quando recebemos uma carta de Kaisa, sua companheira de tão gratas lembranças do período de convalescência na Suécia, para onde Hertha foi levada com o término da guerra. Perderam o contato após sua vinda ao Brasil, 57 anos antes. Consequência de um dos diversos desdobramentos após a publicação deste livro, refez-se o vínculo. Vive em Charlottenberg, cidade sueca na fronteira com a Noruega, que imediatamente foi acrescentada ao roteiro.

Em fevereiro de 2004, chegamos à Polônia. Em carro alugado, iniciamos um memorável e inesquecível roteiro histórico e sentimental. Primeiro por Bielitz, sua cidade natal, hoje denominada Bielsko-Biala. Uma profunda e silenciosa emoção foi em nós se instalando enquanto, pela estrada, íamos nos aproximando desse local de que tanto ouvíamos falar desde a infância.

Ficamos hospedados no Prezydent Hotel, nas redondezas de onde nossa mãe morou e do qual tinha presente na memória o luxo e eventos que lá ocorriam. Inicialmente chamado Imperial Hotel (Kaiser Hotel durante a guerra), ainda mantém os traços de seu passado suntuoso e imponente.

Após uma volta inicial pela cidade, nos dirigimos ao antigo Bielitzer Stadt-Theater, o teatro municipal muito bem preservado. Queríamos conhecer e levar nossa mãe para o lugar de suas tantas performances. Por grata coincidência, havia um espetáculo por iniciar. Lotação esgotada, somente disponíveis assentos no camarote especial que estava desocupado, junto ao palco. Imediatamente, adquirimos os ingressos e entramos. Nesta circunstância, o que estava sendo apresentado pouco nos atraiu, o ambiente, muitíssimo. Foi imensamente comovente quando a nossa mãe, com a fisionomia expressando em seu rosto o mais genuíno, penoso e profundo sentimento, nos comentou: "Hier haben meinen Eltern gesetsen":

aqui sentavam os meus pais. Um momento para nós de muita comoção, inesquecível. Estávamos no exato local em que eles ficavam, no camarote exclusivo que lhes era destinado quando a filha se apresentava. Após o término do espetáculo, andamos pelo teatro, pelas coxias, entramos no palco. Hertha expiou através da cortina pelo pequeno orifício onde ela tantas vezes via o público antes de se apresentar.

No dia seguinte, contatamos a administração municipal. Tinham conhecimento de nossa vinda através de comunicação que previamente estabelecemos antes da nossa partida. Buscou-nos no hotel um graduado funcionário da municipalidade, que permaneceu à disposição para nos acompanhar durante os dias em que lá estaríamos. Fomos recebidos na sede do governo pelas autoridades locais. Na ocasião, mencionamos que nossa mãe nunca mais teve uma certidão de nascimento, confiscada na guerra. Dois dias após, em sessão na Prefeitura, lhe foi solenemente entregue, pelo Prefeito, a sua certidão, refeita conforme os dados originais preservados nos arquivos oficiais.

Fomos também recebidos por líderes de uma incipiente organização judaica local. Um pequeno grupo de algumas famílias, significativo contraste com a numerosa e atuante comunidade que lá antes vivia.

Dirigimos-nos, os três, aos dois prédios em que Hertha residiu. Num deles, o apartamento localizado no térreo, atualmente abriga uma farmácia. Tivemos dificuldades em convencer o responsável de que queríamos apenas circular, nossa mãe rever, e nós conhecermos o lugar de sua infância. Conseguimos fazer uma rápida visita, e quando chegamos ao pequeno pátio interno imediatamente identificamos uma imagem familiar. Estávamos com seu livro em mãos onde está reproduzida a única fotografia existente dela na infância, feita naquele mesmo lugar, resgatada há alguns anos nos Estados

Unidos. Refizemos com emoção, décadas e muita história após, a foto no exato mesmo local.

No outro prédio, o segundo apartamento em que residiu, não conseguimos passar do corredor interno do edifício. Falamos através da porta com quem lá estava, não quiseram nem abrir. Soubemos depois que havia fatores para nós inesperados, sequelas da guerra, entre eles o receio da retomada de imóveis confiscados.

Estivemos com nossa mãe nos demais lugares da sua infância, tão caros para ela. Nosso pai dizia, jocosamente, que Bielitz provavelmente nem constava no mapa. Consta e é um belo lugar.

Saindo de sua cidade, fomos seguindo a direção de seu trajeto durante a guerra. Antes passamos por Wadowice, onde ficou intacto o antigo cemitério judaico. Encontramos a sepultura dos seus avós paternos.

Na iminência da invasão da Polônia, a família Gruber procurou abrigo em Cracóvia, achavam que lá, mais longe da fronteira com a Alemanha, estariam protegidos. Chegando nessa pitoresca cidade, nos dirigimos ao endereço de onde residiram. Tudo tão de acordo com o que nossa mãe nos contava e com seu relato que deu origem a este verossímil livro. Subimos aos andares do prédio de apartamentos. Em uma janela, com a visão da torre do castelo Wavel, quase podíamos ouvir, vindo da avenida em frente, o som dos soldados marchando, cantando os ameaçadores versos antissemitas.

Fomos ao local em que ficava o campo de concentração de Plaszhow, atualmente uma grande área inabitada, com uma placa no local indicativa do que lá antes havia. Andamos por aquele espaço, hoje silencioso, palco de tantas atrocidades. Nas imediações a visão da pedreira local.

No outro dia caminhamos pela região onde antes foi o Gueto de Cracóvia. Ainda com partes do muro que o cercava, foi onde Hertha e os remanescentes de sua família ficaram confinados junto com os demais judeus da região. Numa manhã, ao serem retirados em caminhões, ela viu seu pai e sua mãe pela última vez, os nossos avós que nunca conhecemos. Com os demais homens e mulheres considerados velhos, foram transportados para os fuzilamentos nos bosques nas imediações da cidade, nas redondezas de onde estávamos.

Procuramos saber sobre arquivos da época, algo a respeito dos nossos familiares. Chegamos até os locais da municipalidade onde estão documentos microfilmados. Enquanto examinávamos o que lá havia, íamos sendo impactados com a leitura do que estávamos encontrando, entre elas cartas de cidadãos judeus para as autoridades nazistas, textos que testemunham a situação então vigente. Numa meticulosa e paciente procura, encontramos as fichas dos registros dos pais de nossa mãe, com seus dados de identidade e foto.

Antes de deixar Cracóvia, passamos pela prisão de Montelupe, onde sua irmã mais velha, Jenny, esteve encarcerada. Lá foi vista pela última vez.

Seguimos para a cidade de Oswiecim, lugar do campo de concentração de Auschwitz-Birkenau, para onde nossa mãe foi levada. Um enorme contraste para ela: o trajeto que fez, amontoada em vagão de gado, estava sendo refeito, agora dignamente sentada no banco de trás de um confortável carro e, para ela ainda mais significativo, tendo a frente seus dois filhos.

Percorremos Auschwitz acompanhados de um guia que nos foi indicado pela administração. Para facilitar os deslocamentos, recebemos um passe especial que permitia parte dos trajetos em automóvel. Andando pelos locais, naquele úmido e frio dia de inverno, o guia, muito apropriadamente nos fez perceber que aqueles caminhos, enlameados e gélidos, eram exatamente o que os prisioneiros constantemente enfrentavam.

Entramos em um dos barracões, antigos estábulos transformados em alojamentos. Diante das prateleiras em que ficavam as prisioneiras, deitadas lado a lado, "feito sardinhas", como ouvíamos nossa mãe dizer, ela sentou numa delas e comentou: "Agora estou no meu quarto". Com uma naturalidade e realismo tão impressionantes que, mais ainda naquele cenário, muito nos tocou.

Hertha prestou um depoimento filmado, de cerca de duas horas, para o acervo do museu de Auschwitz. Lá se encontram outros documentos do Holocausto, e tivemos a surpresa de ver a ficha original de seu irmão Max, que sucumbiu no campo de concentração de Mauthausen, na Áustria. Estão registrados seus dados de identificação e data de entrada.

Um grupo de jovens estudantes que lá visitavam ficou encantado com a presença de nossa mãe, com a sua vitalidade e disposição, uma sobrevivente que esteve encarcerada naquele local. E mais ainda com a visão do número tatuado em seu braço, feito ali mesmo, décadas atrás.

Partimos para a Alemanha em direção ao campo para onde nossa mãe, junto com Gisi, sua última irmã que ainda sobrevivia, foi transferida de Auschwitz. Estivemos nos caminhos da marcha da morte, longo trajeto que as prisioneiras fizeram da última parada do trem até a entrada do campo de concentração de Bergen-Belsen. Atualmente uma grande área com enormes sepulturas, 1.000, 5.000, 10.000 indivíduos cada, covas coletivas onde estão os corpos que foram encontrados logo após a libertação. Construções originais não mais existem, foram incineradas diante da epidemia de tifo que lá havia.

Saímos os três do campo, satisfeitos com a perspectiva da nossa viagem, um novo rumo, aquele após a sua libertação. A Suécia para onde Hertha foi levada pela Cruz Vermelha. Na época com 26 anos e 28 kg. Agora bem mais, em ambas as unidades.

Entregamos o carro e de trem seguimos para Charlottenberg. Chegamos perto da meia-noite, estação quase vazia. Ao longe vimos uma figura com cabelos bem branquinhos correndo em nossa direção com os braços abertos. Nossa mãe espontaneamente teve o mesmo gesto, e as duas correram uma para a outra para terminar num abraço emocionado e esperado há mais de 50 anos. Hertha e Kaisa estavam juntas novamente.[50]

Estivemos na cidade de Karstadtok e vimos a escola que na época foi improvisada como hospital para receber as sobreviventes. Local de onde, após um ano de plena recuperação, Hertha emigrou para o Brasil e refez sua vida.

Foram 40 dias de uma grata e inesquecível jornada. Nossa mãe foi a ótima companheira de uma viagem repleta de emoções, lembranças e muita satisfação.

Hertha e *A Lista de Schindler*

Sempre soubemos, através dos relatos de nossa mãe, que Ari, seu amor da juventude, quando estava no campo de concentração de Plaszhow fazia parte de um grupo de prisioneiros que trabalhava em uma fábrica das redondezas. Na ocasião, ele teve como fazer com que nossa mãe, então também confinada em Plaszhow, fosse incluída na lista dos selecionados. Mas não teria como acrescentar Gisi, que estava no mesmo campo. Para não separar-se de sua irmã, Hertha abdicou. Teria mudado o curso da sua vida, e hoje sabemos que se tratava de *A Lista de Schindler*.[51]

---

50 Desde então Kaisa vem todos os anos ao Brasil para visitar Hertha.

51 Ari era assim chamado pelos familiares. Seu nome, Leon Reissman, consta na *Lista de Schindler*. Sobreviveu e radicou-se na França.